妈妈送给青春期女儿的私房书

（第2版）

木阳/著

中国纺织出版社

内 容 提 要

在女孩的花季岁月里，每一位妈妈都是惊喜与担忧并存的。惊喜的是，曾经不懂事的女儿一夜之间长成了大姑娘；担心的是，进入青春期的女儿有了自己的心事，并为此变得敏感与脆弱。为了帮助花季女孩顺利度过青春期，本书结合千万个妈妈的成长经验和育女经验，以一位母亲的身份，以青春期女孩的故事为背景，描述了女孩进入青春期后要面临怎样的生理、心理变化，并给出了最为详尽的解决办法。希望每个女孩都可以平安、快乐地度过花季，走过雨季。

图书在版编目（CIP）数据

妈妈送给青春期女儿的私房书 /木阳著. --2版. --北京：中国纺织出版社，2016.9（2019.4重印）

ISBN 978-7-5180-2755-2

Ⅰ.①妈… Ⅱ.①木… Ⅲ.①女性—青春期—健康教育—家庭教育 Ⅳ.①G479 ②G78

中国版本图书馆CIP数据核字（2016）第145357号

策划编辑：关 礼 刘 丹　　责任印制：储志伟

中国纺织出版社出版发行

地址：北京市朝阳区百子湾东里A407号楼　邮政编码：100124

销售电话：010—67004422　传真：010—87155801

http: //www.c-textilep. com

E-mail: faxing@c-textilep.com

中国纺织出版社天猫旗舰店

官方微博http://weibo.com/2119887771

北京楠萍印刷有限公司印刷　各地新华书店经销

2011年9月第1版　2016年9月第2版

2019年4月第5次印刷

开本:710×1000　1/16　印张:16

字数:179千字　定价:35.00元

前言

女儿，我愿成为你的树

女儿，今天当你换上妈妈为你买的新连衣裙时，妈妈真的惊呆了。光阴多么短暂呀，不知不觉中你已长成大姑娘了。

望着你窈窕匀称、亭亭玉立的身影，妈妈想到了你小时候，那时你什么都不会，妈妈教你用筷子、穿衣服、系鞋带、扣扣子、梳头发、擤鼻涕……而如今那个蹒跚学步的宝贝已经出落成眼前这个亭亭玉立的姑娘，妈妈怎能不感到欣慰和惊奇呢！

当然，在高兴的同时，妈妈也偷偷地为你担心起来，因为妈妈知道宝贝女儿此时已进入青春期……青春期的阳光最灿烂、最明亮，但青春期的雨水也格外多，忧伤与困惑都隐藏其中。你在这段岁月里会遇到种种烦恼，身体的发育，感情的变化，学习上的压力，与同学、老师种种复杂的关系，都会令你不知所措。宝贝女儿，在这个人生关键的转折点上，作为妈妈真的有千万句话想对你说，有千万句嘱咐想让你知晓。

不要以为妈妈不了解你、不懂你的生活，妈妈怎会不知道你粉色的小心事呢？无论时代如何变迁，年轻的经历总是相似的。在人生的旅程中，哪里有困惑，哪里有快乐，哪里有风雨，哪里有彩虹，妈妈都体会过。你今天的路，就是妈妈昨天的行程。所以妈妈才想把自己的经验慢慢地和你分享。女儿，当你有了困难又不愿与人交流时，不妨回想一下妈妈的话，看看里面有没有你想要的答案。

首先，妈妈要告诉你的第一件事就是珍惜你的青春岁月，珍惜这如花的季节。不要难以正视自己的身体发育，不要感慨岁月的漫长与无聊，不要质疑生命的意义。女儿，你现在所拥有的最宝贵的东西就是你的青春！珍惜当下，好好安排你所拥有的青春时光，这样将来当你回首往事时，才不会留下任何遗憾，浮现在眼前的才会是曾经最美丽的情境。

妈妈想要告诉你的第二件事，就是要分清友谊与爱情。亲爱的女儿，你现在经历的感情其实都是深厚的友谊，而并非你眼中的“爱情”。女儿，“爱情”是个神圣的字眼，意味着责任和给予，它与快乐和痛苦结伴而行，也与承担和分离比翼而飞；而“友谊”则是帮助，是宽容，它随时间沉积在你的生命里，伴随你一生。女儿，崇高而纯洁的友谊往往比爱情更持久，更有生命力。因此，你应该区别好友谊与爱情，多多结交朋友，而不是错把友情当爱情。

亲爱的女儿，由于你正处于求学阶段，所以妈妈不得不谈谈学习的事情。现在的你需要做的是尽可能多地储备知识和提高能力。我的孩子，请重视你的学习，重视你的每一门学科，把学习当做一件快乐的事情。现在的你正拥有最美好的学习时光，那么就尽情地学习吧，别到以后再追悔莫及。

当然，光有知识和能力还是不够的。在这个纷繁的世界，你还要掌握一些自立的本领。如何与人交往，如何让更多的人喜欢你，如何避开生活的盲区，如何保护自己……这些你都要做到心里有数。可能你不知道具体该如何做，别急，在后面的篇章里，妈妈会慢慢地讲给你听。请再用一点点耐心，接受妈妈对你最善意的叮嘱和最真诚的忠告。如果可以，请尽可能地遵循它，努力地做好每件事，过好每一天。

宝贝，最后妈妈想告诉你，你的花季雨季并不孤独，因为妈妈一直在悄悄地关注、守护你。看见门前的那棵大树了吗？妈妈就像它一样，每天静静地守在你左右并为此而满足。

宝贝，如果你愿意，就当妈妈是你的生命之树吧！我的根，我的枝，我的叶都是为你而生，茂密的树冠为你挡风遮雨，粗大的树身随时供你栖息依靠。妈妈不想你伤心，不想你着急，不想你无助，只要你过得健健康康、快快乐乐。女儿，勇敢地前行吧！

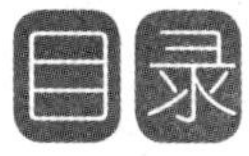

第三章 青春萌芽，了解悄悄变化的自己

第四章 成长烦恼，摆脱成长烦恼，做阳光女孩

第五章 花样年华，灰姑娘如何变为俏公主

第六章 情窦初开，对早恋说“不”

第七章 性的困惑，妈妈成为你走出性困惑的导师

第八章　破茧成蝶，你要掌握一些自立的本领

第九章　处世交友，你需要学会的交友技巧

第十章 学习之道，青春期让自己爱上学习

第十一章 健康保健，做个健康快乐的小公主

第十二章 安全教育，珍惜自己的花样年华

第一章 “花苞”待放，胸部悄悄鼓起来

青春期是女孩儿美丽的开始。在这个阶段，女孩儿的身体开始从孩童逐渐发育为成人。在这些生理变化面前，女孩儿会心存许许多多的疑问：胸部为什么会悄悄隆起？怎样选择适合自己的文胸……而大多数妈妈可能没有时间或者羞于对这些敏感的话题开口，也可能担心无法把答案解释清楚。

别着急！翻开本章，你会看到这些有关身体变化的话题，同时，用妈妈的口吻给女儿送去最细致、最科学的解析和最贴心的叮咛。如果你的时间充裕，可以照书为女孩讲解。当然，你也可以让女儿自己去了解书中的内容，效果或许比亲口告诉她更好！

胸部为什么鼓起来了

我叫晓雪，今年13岁了。最近不知道怎么回事，胸部总有些疼，感觉十分不舒服，摸上去，里面好像长出了硬硬的东西，胸部还有些隆起。难道我生病了吗？是心脏不好还是我的肺部出现问题了？算了，自己还是不要胡思乱想了，回家问问妈妈吧！

回到家，我拉住妈妈的手问："妈妈，最近我的胸部经常感到胀痛，而且还有些肿，是不是我的心脏出现问题啦？"妈妈听后，笑着摸摸我的头说："傻孩子，这不是病，这说明你的乳房正在发育，我们的晓雪就要从小女孩变成大姑娘了！"

"女孩儿的胸部为什么会变大呢？"我还是不太明白。妈妈解释说："女孩儿进入青春期后，掌管发育的'司令部'——中枢神经系统就会对大脑发出指令，促使身体分泌出雌性激素，使得乳腺发育，并开始沉积脂肪，女孩儿的乳房也就开始逐渐隆起变大，最终就会形成半球的形状，这是女性成熟的标志。"

"可是，为什么会有疼痛的感觉呢？"我又有一个问题冒出来了。妈妈继续解答："发胀、疼痛这些感觉都是乳房发育的正常生理现象，大多数女孩儿在乳房发育的过程中都会有胀痛的感觉，等你的乳房发育成熟后，就不会再疼了，所以不用太担心。"

原来是这样呀！前几天，我还羡慕表姐窈窕的曲线和亭亭玉立的身材呢！原来我也会和表姐一样的。对了，不光是我这样，所有的女孩儿都会这样的，妈妈说这是每个女孩儿必须经历的成长过程。

亲爱的女儿，你知道吗？乳房发育是女孩儿青春期正常的生理现象，这是小女孩儿长大成人的标志，是女性成熟的象征。这时女孩儿的乳房在雌性激素的影响下开始发育成长，除了乳房不断变大外，乳头也会有所变化。在乳房成长到一定程度后，周围的乳晕也会随之扩展，而且颜色会逐渐加深。每个女孩儿的乳头形状都是不同的，有的可能会凹陷，有的可能会平贴或者向外凸起，就像我们每个人都有不同的相貌一样。

乳房发育时，可能会出现胀痛或者会有些痒，这个时候千万不要用手去抓挤，避免让乳房受到外部的伤害。

有些女孩儿面对乳房的发育，常常感到难为情。每当别人看她的时候都特别不好意思，为了掩盖自己逐渐隆起的胸部而穿紧身衣，将胸部紧紧地束缚起来，这样做的结果会影响乳房的正常发育，使乳头凹陷，甚至还会限制胸椎和肋骨的发育，对身体的健康是十分不利的。

所以作为小女孩儿，在青春期发育阶段一定要注意身体的变化，

保护好乳房，平时要注意保持正确坐姿，走路也要抬头挺胸，防止因为不良的习惯和一些不良的做法，造成对身体的伤害。记住了吗？

妈妈为你选了文胸

最近我的胸部好像比以前又大了许多，在体育课上跑步时，感觉有些不舒服。妈妈知道后，便给我买了文胸。妈妈说，我不能再穿那些小背心

了，应该开始穿文胸了。

我的好奇心又上来了，问妈妈："文胸有什么作用呢？"妈妈告诉我说，文胸是用来托住乳房防止乳房下垂的，是为了保护乳房的女性用品。在女孩儿胸部发育到一定程度后就必须要穿，否则胸部可能就会下垂，变得不漂亮了。

所以，现在我有了两件非常漂亮的文胸，一个是非常可爱明亮的柠檬黄色的，另一个是粉色带红点点的，质地柔软穿上去很舒服。这两件都是运动型文胸，非常适合我们正在发育的女孩儿穿。穿上后，我试着跳了两下，果然舒服多了。

我问妈妈，什么时候我才可以穿上像妈妈一样的那种带蕾丝花边、非常漂亮的、带有海绵和钢圈的文胸呢？妈妈告诉我说，那种带钢圈的文胸不适合小姑娘穿，会影响到胸部的正常发育，等我长大以后才可以穿。

穿上文胸后，我感觉自己也成为一个大姑娘了，呵呵！人们都说女大十八变，越变越好看，我会不会也像表姐一样越长越漂亮呢？不管怎么说，长大的感觉真好！

我的宝贝女儿，你一定要记住！青春期的女孩儿一定要选择适合自己的文胸，这时候女孩儿的胸部还正处于发育阶段，千万不可以乱穿文胸。我知道，你现在肯定要问我，女孩儿的胸部多大就可以戴文胸呢？一般来说，从乳房的上底部用软尺开始测量，然后经过乳头到乳房下底部，如果大于 16 厘米，就可以戴文胸了。过早地戴上文胸，会不利于青春期女孩儿乳房的正常发育。

对于青春期女孩儿来说，最好选择棉质的、透气性好、吸汗、弹性较好的文胸。文胸的大小要适中，太小会压迫乳房，影响呼吸和乳房的发育；太大则会起不到支托和保护乳房的作用，容易引起乳房下垂，所以选择一个适合自己的文胸是非常重要的。穿上合适的文胸后，刚好能够托起乳房，没有紧绷的感觉，不会影响到呼吸，在运动时也不会妨碍身体的活动脱下来时，身体的皮肤上也不会留下文胸压迫的痕迹。

一般来说，正在青春期的女孩儿应该选择背心式和少女型的文胸，那种带有钢圈的塑型文胸并不适合你。如果在购买时不知道如何选择，可以请售货员阿姨帮你用尺子测量一下，选择一个适合自己尺码的文胸。由于你的乳房还正处在发育阶段，所以最好每半年就重新测量一下自己的乳房，看看是否应该更换，一旦觉得肩带或胸围过紧，那就说明这个文胸已经不适合你了，那你就需要重新选择新的文胸。

此外，还要记住，不管多么舒服的文胸，在晚上睡觉时一定要把它取下来，以免影响到睡眠时呼吸的顺畅和血液的流通循环。这样，你才能睡一个安稳的好觉！妈妈希望你能像茁壮的小树一样健康成长。

教给你穿戴文胸的方法

今天上学时，小丽用羡慕的眼光看着我说：“晓雪，你的胸部真的好漂亮，好挺呀！我什么时候才能像你这样呀！”听她这么一说，我都有些不好意思了。接着我又看了看小丽的胸部，确实看着有些别扭，仔细一看，才发现小丽这个傻丫头根本没有戴好文胸。她问我是怎么知道如何穿戴文胸的方法的，当然是妈妈教给我的，我可是在妈妈的细心指导下才学会的。

要不我怎么好意思做别人的老师呢！

于是，我把小丽拉到洗手间里，开始教给她怎样正确穿戴文胸。“首先，身体要向前倾，然后将文胸戴上，扣上文胸扣环，用手将胸部四周的肉肉全部收拢到罩杯里。我妈说这样可以让胸部显得更加丰满。接下来，就是要让胸部和文胸吻合，看看乳头是否正好处于文胸中央的凸起处。最后，再把肩带调整到舒适的位置就可以了。”

小丽在我的指导，终于穿戴好了文胸，真的与刚才大有不同，胸部果然变得丰满了很多。

妈妈今天想要告诉你的是：正确地穿戴文胸对于女孩儿来说也是非常重要的一件事情。有些女孩儿刚刚穿戴文胸时，会有些不适应，觉得穿戴文胸是一件比较麻烦的事情，有时为了图方便就随便穿戴，却不知道如果不能正确穿戴文胸，不仅会影响胸部的美观，还会影响到乳房的发育，有时甚至还会导致乳头凹陷或者乳房变形。所以，女孩儿千万不要小看穿戴文胸的技巧。

首先，要将文胸肩带套在肩上，身体微微向前倾，上半身呈 45 度角，将乳房放在文胸里，将背钩扣上。用手将腋下和乳房周围多余的脂肪往胸部聚拢，然后轻轻拨到罩杯里，让乳房能够紧贴于罩杯，并且让文胸的凸起部分能够和乳头重合。这样做不但能够让你避免腋下和腹部脂肪的堆积，而且还能让你的胸部更加圆润丰满。

站直身体后，将文胸的肩带长度调整至舒服的位置，一般来说，能够将一根手指穿过的松紧度最为适宜。将手臂向上举一下，看文胸的下围有没有向上移动，如果向上移动，就需要再扣紧一些，从背后的胸带能够伸进两个指头的松紧度最为合适。最后，再整体对文胸进行细微的调整，直到感觉舒服为止。

虽然这些步骤看起来有些麻烦，不过习惯以后就好了。妈妈相信你，能够有足够的耐心把这件事情做好，你说对吗？

怎样清洗文胸

夏天快到了，终于可以脱下长袖衫，换上我那漂亮的浅粉色荷叶边的连衣裙了。妈妈还陪我一起上街买了几个浅色的文胸，让我好搭配夏天浅色的衣服穿。

可是，没过一段时间我却发现，新买的文胸没过多久就变得有些发黄了，这是怎么回事？难道是我没洗干净的原因吗？不会呀！每次我都洗得很认真，还搓好长时间，怕洗不干净还放了很多洗衣粉呢。看着新的文胸有点发黄,真让我心疼。到底是哪出问题了？想了半天也没想明白。于是，我决定还是问问妈妈。

"妈妈，您上个月给我买的文胸，我还没穿一个月了，它们就发黄了。我后来放了好多洗衣粉，泡了很长时间，还是洗不掉上面的黄色，这是怎么回事呀？"我问妈妈。

妈妈说："那可能是因为你清洗文胸的方法不正确造成的，你跟妈妈说说你每次是怎么清洗文胸的？"

我说："每次我都是先往盆里放上水，然后加上洗衣粉，再把内衣放进去，泡一会儿再洗，然后再把它们晾在阳台上！"

妈妈说："造成文胸发黄一般有两个原因，一个是文胸在洗涤后没有能够将其上面的洗涤剂用清水彻底冲洗干净；另一个是文胸经过阳光的直射。你想想自己在清洗文胸时有没有犯这两个错误呢？"

"文胸发黄原来是这个原因造成的呀！我下次清洗的时候一定会注意的。"我终于明白是怎么回事了。

妈妈说："对了，忘了告诉你，文胸和内裤等贴身穿的衣物不适合用碱性较强的洗衣粉来清洗，最好用肥皂、香皂或者专门清洗内衣的洗涤剂来清洗。"

听完妈妈的话，我才发现原来清洗文胸也有这么多学问呀！

我的宝贝女儿，把任何事情做好都不是一件容易的事情，就拿清洗文胸这件事情来说吧，要想把它清洗好也需要注意很多问题，否则就像刚给你买的那几件文胸一样，没穿多久就有些发黄变形了。那么，怎样做才能正确地清洗和保养我们的文胸呢？

在清洗文胸时，最好用手洗，机洗很容易使文胸的钢骨架变形。如果文胸的标签没有标明必须用手洗，就可以用机洗，用洗衣机洗要先将文胸放在洗衣网内，不要超过洗衣网的一半容量，为了避免文胸中的钢圈损坏其他衣物，所以需要把有钢圈和没钢圈的文胸分开机洗。

清洗文胸时，最好先使用冷水或者比体温略低的温水来浸泡一会儿，除去胸衣上残留的汗液，过热的水容易使文胸变形。然后，使用香皂、肥皂或者是内衣专用洗涤剂清洗。在使用洗涤剂时要注意适量，洗涤剂并不是越多越好，过多的洗涤剂只会伤害文胸的布料。待洗涤剂完全溶解于水中后，再放入文胸。还需要注意的是，在洗时千万不要使用漂白剂，因为漂白剂会损坏文胸的布料，而且还会让其变黄。清洗过程要将浅色与深色的文胸分开洗。为了防止在清洗的过程中变形，不要用力地揉搓扭转，而是要轻揉轻按。对待不容易清洗或者特别脏的地方，可以利用文胸自身衣料相互摩擦清洗。妈妈再告诉你一些有关顽固污渍的清洗诀窍，在以后清洗其他衣物的过程中如果遇到同样的问题就知道如何处理了。

对于容易堆积汗渍的地方，在清洗时可以用淘米水浸泡一会儿，再清洗就比较容易了。喝果汁时很可能不小心将果汁洒在衣物上，对于刚洒在衣物上的果汁渍，我们可以立刻在污渍处撒上食盐并用手揉搓，或者用浓盐水擦拭，也可将面粉撒在上面，然后用清水搓洗。在衣物上留下的酱油污渍可以用苏打粉清除。如果衣物上沾上口红或者粉底，可以用酒精或者挥发性溶剂去除，然后再用普通的清洗剂清洗。对于刚刚沾上的酒渍，在用湿布轻拍后，再用食盐或者中性洗涤剂清洗即可，若是陈迹则可以用白醋进行清洗。将污渍清洗好后，记着最后一定要用清水冲洗干净。

洗好后的文胸不要用手拧干，可以用手或者干毛巾包裹起来压干，然后整理好，拉平至原状，用晾衣夹将文胸底部中间位置夹住挂起来。切记不要把肩带挂在衣架上，以防止湿文胸的重量将肩带拉长变形。最后将文胸放在通风阴凉处晾干，在阳光下暴晒会使其褪色或者变黄。

文胸晾干后要小心地按原来形状叠放起来，而不要随便将其乱揉成一团塞进衣柜里，这样文胸的品质可以维持更长时间。女儿，还需要提醒你的是，文胸脏后要尽快清洗，否则时间一长污渍就会渗透进文胸衣料的纤维中了，到时候会更难清洗。而且文胸是女性最贴身的衣物，所以作为女孩儿千万不要偷懒，在平时要注意清洁文胸，这样才能保证我们的身体的干净和健康。

为什么乳房大小不一样

最近，我发现我的胸部有些异样，感觉好像两边的乳房大小不一样。今天趁洗澡的时候我又对着洗手间的镜子仔细地观察了一下，真的，右边的好像比左边的要稍微大一点点。这是怎么回事呀？这要是到了夏天穿上薄衣服，不就会让人看出来吗？这该怎么办呀？

晚上，妈妈看我闷闷不乐地吃着饭，便问道："我们的晓雪，最近又有什么烦心事了？一副愁眉苦脸的样子。""那是因为……算了还是不说了。"妈妈看我欲言又止，知道我是不好意思说，便安慰我说："先吃饭吧！有什么烦心事吃完饭后再告诉妈妈！"

晚饭结束后，妈妈问我："说吧！我们晓雪到底又遇到什么烦心事了？"

我虽然有些难为情，但是还是决定告诉妈妈。我说："妈妈，不知道为什么，我的乳房两边看起来大小不一样，右边要比左边的大一点，我怕别人看出来。"

妈妈说："原来是这样呀！傻丫头！妈妈告诉你，其实任何一个女性两边的乳房都不是完全一样的，它们只能说看起来大小相似而已。""可是，我的看起来太明显啦！"我嘟着嘴说。

妈妈回答说："女孩儿在青春期时，胸部正处于发育阶段，由于两边乳房对体内激素敏感度不同，可能就会造成敏感性强的一侧胸部发育得比较快，而敏感性较差的一侧胸部就会发育得比较迟缓，就会显得相对要小一些，会暂时出现大小不一样的情况。不过不用担心，随着身体发育的成熟，两边的乳房自然就会变得大小一样了。"

听了妈妈的话，我放心多了。要不以后夏天可让我怎么见人呀！“妈妈，那现在我可怎么办呀！我夏天还想穿裙子呢！”

妈妈说：“这还不简单，只要你穿上合适的内衣，调整一下胸型，完全可以穿裙子呀！”

“这个办法太好了！妈妈我太爱您了！您又为我解决了一件烦心事！我的妈妈是最棒的！”我大声喊道。

看着我又活蹦乱跳起来，妈妈又笑了：“好了，看你刚才还愁眉苦脸的，现在又高兴成这个样子，变化也太快了吧！晓雪，以后有什么烦心事都要告诉妈妈，不要总是一个人闷闷不乐，放在心里不说。有什么问题说出来，妈妈才能想办法帮你解决。知道了吗？”

“知道了！我以后有问题了一定会告诉妈妈的！妈妈万岁！”我高兴地抱着妈妈使劲亲了一口。乳房大小不一的烦心事，就这样解决了！我终于不用再担心夏天了！

女儿，看到你知道解决办法后活蹦乱跳的样子，真像个长不大的孩子！女孩儿在青春期时，都可能会出现两侧乳房大小不一样的情况。不过不用担心，这不是病，随着女孩儿身体发育的成熟，两边的乳房会逐渐变得大小一样的。

不过你知道吗？除了生理上两侧乳房对体内激素敏感度不同而造成女孩儿乳房大小不一样外，其他原因也会对青春期女孩儿的乳房发育有所影响。所以，对于妈妈下面告诉你的这些问题，你也需要引起注意。比如，不要穿过紧的文胸，过紧的文胸会限制女孩儿乳房发育，造成乳房变形或不对称。在晚上睡觉的时候也不要习惯性偏一侧或者俯卧。在平时还需要注意不要养成不良的走路习惯，如走路时肩膀一边高一边低或者脊柱向一侧弯曲等。因为这些不良的姿势都会影响到女孩儿乳房的正常发育，造成乳房变形。

你在平时还可以适当做一些扩胸运动，不但可以减肥，而且还能增加乳房的弹性，防止乳房下垂。需要提醒你注意的是，女孩儿在做运动时一定要戴上文胸，否则也容易造成乳房下垂。除此之外，女孩儿在运动中还要避免自己的乳房受到挤压和碰撞。

平时，你自己也可以学习一下有关青春期发育的保健卫生知识，这样如果你遇到问题的时候，就知道该如何正确地对待和处理了。

乳头内陷怎么办

最近不知道怎么了，烦心事总是特别的多。上个月还在为乳房的大小不一样而烦恼，后来虽然解决了问题，让我终于放心了，可是没过多久，又出现一件让我非常郁闷的事情。

这天晚上，我洗完澡后，又站在镜子前，观察我的乳房，我发现我的乳头出现了一些问题，它并没有像正常的乳头一样向外挺，而是有些内陷。这是怎么回事？

想了想，我还是决定问问妈妈，毕竟妈妈懂的比我多。我穿上衣服，跑到厨房，对正在择菜的妈妈说："妈妈，我洗澡时，发现乳头有些下陷，妈妈你说这是怎么回事？"

妈妈听了以后说："最近你有没有穿过紧的衣服或者文胸呀？"自从

妈妈告诉我那些青春期常识后，我一直都挺注意的呀！我想了想说：“没有呀！怎么穿过紧的衣服或者文胸也会导致乳头内陷吗？”

妈妈说：“过紧的衣服，会让乳头受到挤压，可能会造成乳头内陷。”

“难道是……妈妈，前一阵我不是嫌自己太胖，偷偷减过一段时间肥吗？那时我曾经借我们班小娜的束身衣穿过，会不会是那时候造成的？”

妈妈说：“有可能。”

“那有什么好的办法来纠正吗？”我赶紧问。

妈妈说：“那就需要用牵引方法了。”都是紧身衣惹的祸，看来我又要受苦了！

晓雪，妈妈记得当时教你穿文胸时提醒过你，处于青春发育期的女孩儿千万不要穿束身衣。当时你回答的是“我记住了”，结果，你却为了让自己身材显得更苗条而盲目地穿过紧的束身衣，把妈妈告诉你的话全都忘到一边去了。所幸的是，你并没有持续穿很长时间的束身衣，现在你的乳头属于轻度的内陷，依靠手法牵引还可以让乳头恢复正常。如果是中度和重度的话就需要用器械或者手术进行矫正了，那可就要痛苦多了。

你知道乳头对于我们女性来说意味着什么吗？乳头作为女性乳房的最重要的部位，除了能够让我们的胸部更加美观，显得更加丰满外，还有一个最重要的功能，就是哺乳婴儿的功能，肩负着养育下一代的重任。所以说乳头对我们来说，是非常重要的。

乳头内陷的原因一般有两种，一种是青春期少女们过于追求身材的苗条，经常穿过紧的内衣或衣服，使乳头受到挤压而形成凹陷；另一种是女性乳头本身发育不良而造成的。

女儿，你知道吗？乳头内陷除了影响女性胸部整体美观外，还会让乳头部分不容易清洗，容易造成乳头感染从而引起乳腺炎。此外，还会影响到以后产后的哺乳，让孩子无法衔到乳头吮吸母乳。另一方面还会导致产后乳汁排出不畅，使乳房膨胀、疼痛，容易发生急性乳腺炎、乳腺脓肿、乳汁淤结症等疾病。所以，作为女性一定要好好保护好自己的乳头。

如果发现自己的乳头内陷后，不要慌张，首先要做的就是保持乳头部分的清洁，经常用温水清洗。如果是轻度内馅，每天用手对乳头进行提拉，一般经过 2 个月左右的时间就可以恢复正常。

具体操作步骤是：在乳头部分涂上一点润肤油，用拇指和食指水平或垂直捏住乳头，向外牵拉乳头，然后不断提拉，需要注意的是，在提拉的过程中不要过度用力，以防使乳头受到损伤。每天进行 3 次，每次进行大约半小时的时间就可以了。但是，如果是中度、重度的乳头内陷或者天生的乳头内陷，就需要去医院进行治疗了。

所以，晓雪，以后千万不要再做傻事了！记住，身体健康要比什么都重要！

乳房什么时候才会分泌出乳汁来

今天在课间，我们三四个小姑娘在一起叽叽咕咕地讨论着有关我们身体的问题。乐乐语出惊人：“我们的胸部已经发育了，是不是就可以分泌出乳汁来了？”小丽听了后哈哈大笑起来：“乐乐，你有点常识好不好，女生只有生完孩子后才会分泌乳汁的，我们怎么会有乳汁呢？笑死我了！”

乐乐听了小丽的话后有些脸红，但是她很快找到了反驳小丽的证据：“我们家邻居的姐姐才上高一，有一次我去找她玩，就看见姐姐的胸部流出乳汁来呢，胸前的衣服都湿了一片，弄得姐姐特别不好意思，回屋换了衣服。邻家姐姐可是好学生，连男朋友都没有哦。小丽，你给我解释解释是怎么回事。”

小丽听了，一时语塞。乐乐看到小丽说不出话来，有些得意地说：“怎么样，没话可说了？”

“我才不信呢！晓雪你信吗？”小丽向我求援。

我看看她们两个，很直白地说：“不要问我，我又不是医生，可不敢给你们下结论！”

乐乐突然想起来什么，“晓雪，你不是医生，但是你妈妈是医生呀！回去问问你妈不就知道了吗？”小丽也点头表示同意：“对呀！晓雪回家帮我们问问阿姨，这到底是怎么回事，不就明白了吗！正好我们也可以多学点知识。”

我只好点点头说：“好吧，为了满足你们的好奇心，我回家帮你们问问我妈！”

回答你们几个小家伙提出的问题。首先，妈妈告诉你乳汁是怎样产生的。乳房主要是由脂肪、腺体、导管、纤维组织等构成的。女孩儿的乳房是从青春期开始发育直至成熟。在一般情况下，女孩儿的乳房是不会分泌出乳汁的，只有产后在催乳素的作用下，乳腺才会分泌出乳汁来，这时乳房会迅速膨胀起来，随着对婴儿的哺乳，乳房的乳汁会规律性地充盈和排空，直到完成对婴儿的哺乳任务。所以说小丽说的没错。

有的女孩儿在青春期时也会泌乳，就像乐乐说的那个姐姐一样，但是这是一种异常现象，她可能是患上了高泌乳素血症。一般患这种病的女孩儿除了会分泌乳汁外，还会伴随着月经紊乱、闭经、毛发脱落、头痛、体重增加、视觉障碍等症状的出现。如果乐乐邻居家的姐姐确实有类似症状的出现，明天去学校后，你一定要赶紧告诉乐乐，让那个姐姐及时去医院检查和治疗。因为患这种高泌乳素血症的女孩可能会导致不育情况的出现。

妈妈很高兴，你们能够讨论和关心与自己身体健康相关的知识，现在懂得越多，将来在遇到异常情况下，才会知道如何处理，才能够学会如何保护自己的身体。

所以，明天你可以告诉乐乐和小丽，说她们两个说的都没错，这只不过是在身体不同情况下出现的两种不同的现象而已，一种是在身体健康的情况下，一种是在生病的情况下出现的泌乳现象。你明白了吗？所以在青春期的女孩儿一定要经常注意自己的身体的变化，一旦发现有什么不明白的地方或者异常的现象一定要告诉父母,千万不可掉以轻心或者置之不理，否则延误了治疗就麻烦了！

如何保护自己的“花苞”

今天，一到学校我就把妈妈的话告诉了乐乐和小丽，小丽说：“原来女生在生病的情况下，也会分泌乳汁呀！看来是我错怪了乐乐！”乐乐这次没顾上和小丽斗嘴，皱着眉头说：“那我得赶紧回家告诉邻居家的姐姐，否则耽误了病情，那可就麻烦了！”

小丽歪头想了想说：“那我们平时该如何保护自己的乳房，才会让自己的乳房避免受到伤害呀？”

“对，对，我也想知道这个问题，我们女生到底应该如何保护自己的乳房呢？晓雪你知道吗？”乐乐也赶紧附和。

我用手扶住额头，说：“两位大小姐，你俩不要问我了，我又不是医生，怎么会清楚。你俩现在都快成十万个为什么了！”但是看着小丽和乐乐恳求的眼神，我说：“好了好了，知道了，我回去再问问我妈！”

这时，小丽满意地拍拍我的肩膀说：“就等你这句话！”“明天，我们就等你的答案了！要好好完成这个使命呀！”乐乐这时也笑着说。

“知道了，你们这两个小丫头。”看来回家还得请教我的母亲大人了，不过想想，多学点健康知识也不错。

女孩儿在步入青春期后，乳房就开始发育，这时如果能做好对乳房的保健工作，不仅促进乳房的正常发育，而且可以让你的乳房更加健康丰满，所以，妈妈卜面告诉你的这些内容你可要记清楚了哦！

首先，要选择合适的内衣。青春期最初发育的时候你们适合穿一些运动型或少女穿的内衣，要不时地根据自己乳房的发育情况及时更换合适的内衣。

要想能有一个健康的乳房，让自己的乳房的形状更加美观，还需要你在平时要保持正确的走姿和坐姿，走路时要挺胸、抬头、收腹，腰背保持直立。坐的时候也要坐端正，千万不要驼背含胸。否则，如果形成习惯的话，不但会让脊椎变形，而且还会影响胸部的正常发育。

除了这些外，睡觉的姿势也千万不要忽视，要尽量采用仰卧的姿势，不要俯卧。侧卧睡觉要注意经常换方向，不要习惯性偏向一侧。因为这些都会影响你胸部的发育。如果你想让自己的胸部能够有个好的胸型，就千万不要养成上面说的坏习惯呀！

在平时还可以适当地做一些扩胸运动或者俯卧撑等。这些锻炼可以加强胸部肌肉的发育，增强胸肌，有利于乳房较小的女孩儿的乳房发育；而对于过胖的人来说，则可以减少过多积聚在乳房内的脂肪，增加乳房的弹性。乳房比较丰满的女孩儿，还需要注意在运动时必须要带上胸罩，避免乳房在运动中受到伤害。

千万不要为了追求骨感美而盲目节食和偏食，这样不仅会影响到乳房的正常发育，而且还会对身体造成非常严重的不良后果。只有保证身体获得足够营养，女孩儿的乳房才会发育得比较健康丰满。

女孩儿在青春期千万不要为了追求苗条的身材而用紧身的内衣或者上衣将乳房紧紧地包裹起来，这会压迫到我们的胸廓、心脏和肺部，从而影响到它们的正常发育。还可能会造成乳头的凹陷，影响到日后对婴儿的哺养。还要注意保持乳房的卫生，不要用手随便挤弄乳房，以免发生细菌感染。

每月在月经期刚过后，做一次乳房的自我检查。通过对乳房的观察和触摸，注意乳房是否有肿块或其他异常情况的出现，如果发现异常，要尽快到医院进行全面检查。

女孩儿在步入青春期之后，要学会对乳房的保护，这不仅能促进乳房的正常发育，还能让你们塑造出健康完美的体型。

第二章 红色月事，用心呵护你的“老朋友”

女孩的身体在青春期到来之后会不断发生着变化，除了胸部开始悄悄鼓起来之外，女孩初潮也会来临。这代表着女孩的卵巢和子宫已经开始逐渐发育成熟，开始有生育的功能，真正要从小女孩变成大姑娘了。

很多女孩在初次面临月经来潮时，都会不知所措。在这一章中，我们会通过详细的讲解和描述，告诉女儿该如何面对经期的到来、如何选择适合自己的卫生巾、经期遭遇痛经怎么办、需要注意哪些问题。

下身流血了，怎么回事

今天，我在上厕所的时候发现内裤上有一片血迹。这让我感到十分害怕，难道我生病了吗？为什么下面会流血？而且，我还隐隐约约感到肚子有些胀痛，这些情况，都让我感到有些手足无措。我该怎么办呀？

回到教室，我偷偷地问我最好的朋友小丽："小丽，我的下面不知道怎么了，开始流血了，我很害怕，你说我会不会死掉？"小丽拍拍我的肩膀安慰我："别担心，不会死掉的！"然后她又悄悄地凑到我的耳边说："咱们班有好几个女生早已经出现过这种情况了！我也是在上个月才发现自己的下面流血，肚子也十分不舒服，当时我也很担心，还以为自己生病了，因为害怕，我自己还偷偷哭了一场呢！"

我好奇地问："那后来呢？""回家后，我问了妈妈，妈妈告诉我说，不用担心，流血是女孩长大的标志，大人们管它叫月经，但具体是什么，我也说不太清楚，总之你不要太担心了。"小丽说完后，从书桌里递给我一个东西，叫我去厕所换上。这时，我虽然不再害怕，但心里还在直犯嘀咕，我决定今天回家好好问问妈妈，这到底是怎么一回事？

女儿，对此你不要太过担心和害怕，这是女孩儿青春期的一个最重要的生理变化。女孩儿第一次来月经也叫做"初潮"，在雌性激素的刺激下，你的卵巢和子宫已经开始逐渐发育成熟，这代表着你开始成为成熟的女孩

儿了。妈妈很高兴你在出现初潮后，能尽快把这一情况告诉妈妈，这样，妈妈可以尽可能告诉你一些相关的生理知识，让你了解其中的奥秘。当然，你也可以在平时多阅读一些与生理相关的书籍，这些都能让你更好地了解和适应青春期的生理变化，让你顺利地度过青春期。

在初潮时，你可能还会出现肚子胀痛、腰酸、想睡觉、身体无力、易疲劳等不适状况。当你遇到这些情况千万不要惊慌失措，因为这些都属于女性正常的生理现象。

通常情况下，月经的周期为 28 天一次，根据每个人的体质不同，月经周期也会有所不同，一般 22 ～ 40 天都属于正常范围。至于月经持续的时间，大概为 3 ～ 7 天。一般情况下，在女孩儿初潮后一年内，由于子宫和卵巢的发育尚不平衡，其月经周期一般并不会太规律。有时可能会一个月来两次，有时则可能会间隔一个月才来一次，若你有这些情况，不必担心，耐心地观察一段时间，你会发现自己月经的周期逐渐趋于稳定了。

需要提醒你的是，在你月经期间，应尽量避免做一些剧烈的体育运动，如跑步、游泳、跳高、跳远等。在饮食方面，不要吃冷饮，比如雪糕、冰激凌等，妈妈知道你平时很喜欢吃这些，但在月经期间你要管住自己的小馋嘴哟！另外，在月经期前后，你要多吃一些富含钙质的食品，如奶制品、豆制品、贝类等，千万不要太挑食，这样你的营养摄入才均衡。

此外，保持良好的卫生也是你在月经期间需要注意的事情。在月经期间最好不要盆浴，因为这很容易让污水和细菌进入到你的子宫里，导致炎症的发生。另外，千万不要为了贪便宜而使用一些没有经过严格消毒的劣质卫生巾，尽量使用那些口碑较好的品牌卫生巾，这样才能避免自己的身体出现问题。

在此期间，你还要注意保暖，避免接触冷水，保证充足的睡眠，这些措施都会让你更加顺利地度过月经期，减少身体出现的各种不适，从而让你能够保持一个良好的精神状态，顺利地度过青春期。

选择适合自己的卫生巾

“老朋友”每个月的如期而至，使得我不得不提前做好准备，那就是买好卫生巾，以防到时候手忙脚乱。一次，“老朋友”来了，我却忘了买卫生巾，差点让我当众出丑，幸亏同桌小丽在包里预备着一个，解了我的燃眉之急，否则我就惨了。那次的经历让我至今记忆犹新，发誓再也不会让同样的错误出现第二次。今天是周末，和妈妈一起去超市购物，正好顺便买一些卫生巾。

一想起超市品种繁多让我眼花缭乱的卫生巾，我就头疼，不知道选哪一种好，趁着老妈这个“军师”在，我正好学习一下挑选卫生巾的技巧。

来到卫生巾的陈列区，妈妈告诉我，根据卫生巾的形状、质地、大小等可以划分为不同的类型。例如，根据卫生巾的外形可以分为护翼和基本两种类型。从质地来说，分为棉质网面和干爽网面，一般来说棉质网面的卫生巾会更加柔软舒适，而干爽网面则在吸收能力上会更强一些。对于那些皮肤敏感的人最好使用棉质网面,因为它对皮肤的刺激会比较小。另外，按照卫生巾的薄厚程度还分为普通型、超薄型等。

一般来说，根据卫生巾的大小、长度的不同会分为不同型号。中小型的适用于白天使用，而大型的则适用于夜间睡觉时使用。卫生巾的这些质地、型号、长度等都会在包装上标明的。在你挑选的时候根据包装上的说明，就可以一目了然。

“但是妈妈！为什么卫生巾会分这么多种类呢？我还是有些不太明白。”我问妈妈。

妈妈笑着说：“平时你那么聪明，怎么现在想不起来了，动脑筋好好想一想。”我歪着头想了一会儿，“难道是为了方便人们根据月经量多少，来选择不同类型的卫生巾？”“你说得很对！”妈妈继续向我解释说：“因为月经期从开始到结束，月经量是不同的，最初的时候很少，然后会逐渐增多，快到结束的时候又会逐渐减少。卫生巾分类就是让每个人可以根据自己实际情况来挑选适合自己的卫生巾。”

对了，妈妈还告诉我，由于经血中含有丰富的营养物质，特别容易滋生细菌，所以一定要勤于更换卫生巾，千万不要因为经血量少而长时间使用同一片卫生巾。尤其在夏天的时候，因为天气比较潮湿，气温比较高，更容易滋生细菌和发生过敏现象，所以在这个时候，更需要及时更换卫生巾。一般来说两到三小时更换一次最为合适。没想到选择适合自己的卫生巾还有这么大的学问，今天我又从妈妈那学到了不少的知识，受益匪浅呀！

女儿，除了妈妈在超市里告诉你的那些知识，平时你还需要注意下面几点内容。

首先，在购买卫生巾时，一定要注意看清卫生巾上的有效日期。千万不要使用过期的卫生巾，因为它们在卫生质量上很难得到保证。在平时不要一次性购买过多，卫生巾并不适合在家中长期存放。除此之外，对于那些带香味和有药物成分的卫生巾也不要经常使用，因为这些成分很容易引起皮肤过敏。

其次，拆包后的卫生巾一定要在干燥、清洁的环境中存放，不要为了贪图方便放在卫生间里，卫生间潮湿的环境很容易繁衍细菌，不适宜存放卫生巾。另外，你要记住的是，在换卫生巾前一定要洗手，这样可以防止卫生巾被手上的细菌二次污染。

此外，因为卫生护垫方便和实用，很多女孩儿喜欢在月经的前后两天使用，这并无可厚非，但是有的女孩儿为了贪图方便，平时也经常使用，这是一种非常错误的做法。因为卫生护垫的透气性并不是很好，长期使用容易聚集湿气，滋生病菌，导致身体出现健康问题。

最后，还需要提醒你的是，千万不要把用过的卫生巾丢进马桶里，这样会造成下水道堵塞的，一定要找袋子把它装起来，然后丢到垃圾桶里，一定要记住哦！

为什么“老朋友”一来肚子就痛

今天，我的“老朋友”又来了，感觉肚子好痛呀，身体还特别没劲儿，太难受了。明天还有英语测验，这可怎么办呢？小丽看到我痛苦的样子，赶紧给我倒了杯热水让我先暖暖肚子。我问小丽说：“你每次来月经也肚子痛吗？”

小丽说：“我还好呀！最多肚子有点胀，腰有点酸，并不感觉很疼，没有像你这么痛苦。”好羡慕小丽呀！我这不争气的肚子！看着我一脸的痛苦，小丽赶紧安慰我说：“别担心，可能是你体质太差的缘故，如果你能加强身体锻炼，没准就会好一些呢！”

确实，我的体质还真的不如小丽，我经常会得感冒之类的小病，总之，大病没有，小病不断。相比之下，小丽真的很少生病。

回到家后，妈妈给我煮了红糖姜水，让我抱着热水袋暖肚子。过了一会儿，果真肚子就好多了，还是妈妈有办法呀！我问妈妈：“为什么我来月经时会这么疼呀，而小丽就不会呢？”妈妈揉揉我的头说：“每个女孩儿的体质都是不一样的，体质较好的女孩，可能情况就会好一些；体质差的，可能就会严重一些。如果你能加强锻炼，痛经情况也就会好很多。”

原来痛经还跟身体素质的强弱有关系呀，看来还真让小丽说对了。我还真需要加强体育锻炼，把身体养得壮壮的，赶快把痛经这个烦恼赶跑！

“那么红糖姜水的作用是什么呢？为什么喝了之后会感觉好一些呢？”我接着又问。妈妈回答说：“红糖姜水能够让身体温暖，加快血液的循环，活络气血，让女孩儿的月经排放更加顺畅，所以能够有效缓解腹部的胀痛。”原来是这样的，怪不得我们班有的女生在痛经的时候就会喝一杯红糖姜水呢。

亲爱的女儿，妈妈知道女孩儿在经期肚子痛是非常难受的。青春期中，大约有 20% ~ 30% 左右女孩儿都会有不同程度的痛经。一般会下腹比较胀痛，腰酸，身体比较乏力，痛经严重的女孩儿可能还会恶心、呕吐、手足冰冷甚至会晕倒。痛经给青春期女孩儿的生活和学习带来很多的不便和烦恼。那么怎样才能避免和减缓痛经呢？

首先，在月经来之前，可以多吃一些豆类、鱼类、蔬菜、水果等一些易于消化又富有营养的食品，少吃一些如冰激凌、凉茶、梨等生冷的食品。对于辣椒、咖啡、油炸等刺激性和不易消化的食物也要少吃。那么哪些食物有助于缓解痛经呢？在经期可以吃一些香蕉、蜂蜜、牛奶、芝麻、大枣、核桃、苹果、土豆、芹菜、胡萝卜等食物。痛经时还可以喝一些红糖姜水或者蜂蜜热牛奶等，这些对女孩儿的痛经都有一定的缓解作用。

其次，在经期还要注意保持身体暖和。千万不要为了漂亮而穿过少的衣服，避免淋雨、用凉水洗脚、游泳等，造成身体受凉，导致体内气血凝滞，使得痛经加重。另外，还要注意不要让身体过于劳累，注意休息好。晚上睡觉前，可以用热水泡泡脚或者在腹部放上热水袋，这些都可以起到一定缓解疼痛的作用。

最重要还是要加强身体锻炼，增强自身体质。例如，坚持每天跑步、做健身操、跳绳等。身体好了，痛经的问题自然也就会解决了。尤其是在经期来之前，做一些适度的运动，会让你在经期更加舒服。如果痛经非常严重的话，那就需要去医院检查治疗了，让医生帮助我们解决问题。

月经会影响你的情绪吗

最近不知道为什么，我的情绪有些低落，心情也很烦躁，总想发脾气。昨天上午为了一件非常小的事情，还和同学亮亮吵了一架。原因很简单，就是因为亮亮把我书桌上的书不小心碰掉了。本来这件事放在平时算不上什么大不了的事情，可是谁让他在我心情不好的时候惹我，于是，我便冲着亮亮大声喊叫起来。亮亮被我喊了一顿后，也很不高兴，他对我嚷道：“晓雪，为了这么点小事，你至于跟我发那么大火吗？”

其实，我也觉得自己挺莫名其妙的，这点小事真不至于发这么大火。总之，最近不管干什么事情都觉得不顺心。下午上课的时候，注意力也没有平时集中。

晚上回家后，看到小猫咪咪又在挠沙发，我一把就把它抓起来，指着它的小脑袋说：“你这只笨猫，说过多少次不让你挠沙发，你怎么就是记不住呀！如果再看到你这样的话，我就把你丢出家门。”说完了，还不解气地用手拍了咪咪两下。咪咪惨叫了两声，使劲从我的怀里挣脱出去，急忙跑掉了。

这时，我躺在床上，望着天花板，心里有些懊悔，这几天到底怎么了？为什么老想发脾气呢？在平时我可是一个懂事的乖孩子！难道是因为“老朋友”造访的缘故吗？就这样，自己躺在床上胡思乱想了半天，也没想出头绪来，于是，我决定还是向妈妈好好请教一番。

女儿，你这几天情绪不稳定，容易发脾气，确实和“老朋友”的来到有一定关系。不过，你不用担心，只要月经期过了，你的这些症状就会自然地消失了。

具实，不光是你，大部分女孩儿在月经期间或多或少都会出现一些情绪变化，如注意力不集中、心烦意乱、对于什么事情都不感兴趣，做什么都觉得不顺心，容易发脾气等，用医学术语来说，叫做“经前紧张综合征”。这是因为青春期女孩儿身体正处于发育阶段，神经系统和身体各方面发育得还不够完善所致。如果你在心理上再认为来月经是一件麻烦的倒霉事，就更容易引起心情紧张和烦躁不安，导致“经前紧张综合征”的出现。女孩儿在月经期间，除了情绪上可能会出现波动外，身体免疫力也会有所下降，比平时更容易感到疲劳。

那么，遇到上述问题该如何解决呢？现在，妈妈就告诉你缓解这些症状的方法，让你能够心情愉悦地度过这段时间。

首先，在这段时间，你要尽量放松自己的心情。你可以积极参加一些集体娱乐活动，或者在课余时间找同学聊聊天，听听音乐，看看自己感兴趣的读物，想一想平时让你高兴的一些事情等，这些都有利于转移你的不良情绪，放松你的心情。

如果在这段时间内，遇到不顺心或者令人气恼的事情时，你要学会自我控制，不要任性胡来，乱发脾气，尽量避免和同学发生争吵，以免影响到同学之间的友谊。要想办法转移自己的注意力，逐渐淡化自己不愉快的心情。

另外，在“老朋友”到来的这段时间，要注意休息，不要熬夜学习或做一些过于耗费体力的运动，注意劳逸结合。要知道，养成良好的生活习惯，也有助于缓解你紧张的心情。如果你胃口不好，可以吃一些营养丰富、易消化、开胃的食品，如大枣、薏米粥、蜂蜜牛奶、桂圆粥等。通过身体和心理的双重调整，你完全可以减轻或避免出现“经前紧张综合征”。妈妈相信你一定能做到！

卫生护垫可以经常用吗

小丽是我们班上最活泼的一个女生，也是我的死党。可是最近，我却发现小丽有些异样，她总是一副坐立不安的样子，好像有心事。作为小丽最好的朋友，看到她这副样子，我当然不能坐视不管。于是，趁课间休息时，我把小丽拉到了学校的操场上问：“是不是有什么心事？看你在上课时一副心不在焉的样子。”

小丽连忙否认说：“没有，没什么事！”一看小丽这个样子，就知道她肯定有事情。

我说：“小丽，我们从7岁就认识了，你有没有事我还看不出来吗？如果有什么烦心事不要自己老憋在心里，告诉我，我才能帮你想办法解决呀！”

小丽红着脸说：“晓雪，我很害怕，你知道的，我从来没做过什么‘坏事’，可是……可是不知道为什么，这几天我的下面总是很痒！我怕妈妈多想，又不敢告诉她，你说我该怎么办呀！”

我赶紧安慰小丽说：“你先别着急，让我好好想想怎么办。这样吧，咱们先去校医务室看看，你知道的，李医生可是我们学校出了名最温柔、医术也是最好的女大夫。如果还是不行的话，我再问问我妈妈。”小丽想了想，的确没有更好的办法，便同意先去校医务室看一下。

医务室的李医生听完小丽介绍后，就对小丽做了简单妇科检查，然后李医生温柔地说：“别担心，不是什么大病，只是阴部有些炎症而已。你在平时是不是经常使用卫生护垫？”

小丽惊奇地问：“我平时很喜欢垫护垫，李医生，你是怎么知道的？”

李医生笑笑说：“这就对了，这可能是由于你长期使用卫生护垫而引起的感染！”

小丽吃惊地说：“啊？使用卫生护垫也会让人生病呀！”“当然了，因为卫生护垫的透气性很差，造成阴部湿气，从而成为滋生病菌的温床，很容易让阴部受到感染，导致阴道炎的产生。卫生护垫只适合在月经期这一段时间里使用，而不适合在平时使用。在使用时还要注意经常更换，这样才能保证阴部的健康，减少受细菌感染的概率。”李医生给我们解释道。

“李医生，除此之外，平时我们还需要注意哪些问题呢？”我又问。

李医生说："你们还需要注意，保持内裤的干净，在平时不要穿过于紧身的裤子就行了！"

我和小丽异口同声地说："好的，我们都记住了，谢谢您！"出了医务室，我们都松了口气，小丽说："谢谢你啊，要不然我还真不知道该怎么办好！"我说："好了，不用谢，谁让咱俩是好朋友呢！走吧！赶紧去上课吧，我们马上就要迟到了！"我的话还没说完，上课铃就响了。

亲爱的女儿，今天你做得不错，能够用正确的方法帮助朋友解决问题，这很值得表扬。很多在青春期的女孩儿认为，只有成熟的女性才会得妇科疾病，这个观点是错误的。因为女性的阴道是非常脆弱的一个部位，稍不小心就可能受到细菌的感染，患上妇科疾病。那么，怎样才能避免这种情况的出现呢？妈妈现在就向你介绍一些基本的健康常识，让你在平时能够呵护好自己身体的私密处。

首先，在平时我们要注意保持阴部的干燥和清洁。内裤应该选择棉质的，不宜穿化纤材质的内裤。对于内裤要勤于更换和清洗，最好能天天换，天天洗。

有的女孩儿为了应付白带而天天使用护垫，错误地认为使用护垫就可以万事大吉，不用再换洗内裤和清洗阴部。你在平时有没有注意到，护垫底部都会有一层塑料，这就导致护垫的透气性很差，造成阴部潮湿，给细菌的生长和繁殖创造了有利的条件，导致阴道炎的产生；而且护垫在人体活动时，很容易和阴部产生摩擦，造成阴部毛囊的损伤，导致细菌的感染，这容易发生毛囊炎等妇科疾病。所以，千万不要以为卫生护垫是万能的！在经期之外，最好最健康的办法就是天天换洗内裤。不要穿过紧的内裤和裤子，一方面是为了防止内衣过紧而不透气，另一方面则是防止内衣与阴部产生频繁的摩擦，从而加大细菌感染的概率。

最后，需要提醒你的是，如果发现自己的外阴出现瘙痒，千万不能用手去抓，而是要克服女孩儿的害羞心理，及时到医院进行检查和治疗，以免耽误病情，从而造成对身体造成更大的伤害。

如何保持经期卫生

今天在课间时，小丽偷偷跟我说：“你有没有注意到，‘老朋友’来的时候会有一种味道呀？”我想了想说：“我以前没注意过，在换卫生巾时好像是有点味道。”

“我还发现，冬天的时候要好一些，到了夏天味道就会比较明显，那时我都感觉好尴尬，生怕别人也闻到。”小丽愁眉苦脸地说，“夏天‘老朋友’来了，我都不敢穿裙子和短裤，总是把自己包裹得严严实实的，生怕这股味道会泄漏出去，你说为什么会有味道呀？烦人呀！”

我说：“不用担心，其实那种味道并不大，一般情况下，旁边的人是闻不到的，像平时咱们经常在一起玩，你要不说，我还真不知道你‘老朋友’来了呢！”

小丽也点点头说：“嗯，我还真没从你身上闻到过什么味道，可能是我自己太敏感了吧！”

“所以说，你不要太过杞人忧天了。”我想了想对小丽说，“不过，夏天不必把自己包裹得那么严实，听我妈妈说，如果女性的隐私处包裹得太厚了，容易滋生细菌，对身体也不太好。也许根本没有什么怪味道呢。是你自己太在意的缘故。”

小丽说：“好吧，下次我不会故意穿得太厚！”其实，我也在好奇，为什么经期会有一点味道呢？怎样才能保持经期卫生呢？

女儿，妈妈来告诉你为什么经期会有一点味道。因为经期排出的经血中会夹杂着血液、子宫内膜碎片和一些分泌物等，可能会有一点血液的腥味，正常的情况下经血是呈暗红色、无臭味的。但是如果在经期出现其他明显的味道的话，可能就是身体有炎症了，这就需要去医院检查了。妈妈很高兴，你能告诉小丽在经期不要包裹得密不透风。可以看出来，平时妈妈告诉你的一些生理知识你都会注意。你说得很正确，在炎热的天气这样做，不仅容易滋生细菌，还会让汗液和身体的其他分泌物散发不出去，反而会使味道更浓。

怎么才能减轻经期的味道呢？其实只要在平时注意保持经期卫生就可以了。

经期保持良好的卫生对于我们女性来说是非常重要的，因为在经期，我们身体的抵抗力会下降，这时很容易感染一些疾病。而且在经期的时候，我们的子宫内膜在脱落后会在宫腔形成一些伤口，而在平时紧闭的子宫宫口这时也会稍微张开，很容易让病菌进入，从而会引起炎症。所以我们一定要打好经期卫生的保卫战。

卫生巾和护垫最好能够每两三个小时就更换一次，内裤也要勤换勤洗。除此之外，每天还可以用温开水清洗一下外阴。当然，在经期也可以洗澡，但是最好采用淋浴方式而不要用盆浴，因为盆浴可能会让脏水进入阴道中，引发炎症。往往炎症才是经期味道的罪魁祸首。

在饮食上也要注意卫生和健康。多吃一些清淡的食物，少吃油腻的食品，这在一定程度上也会减少味道的产生。对于那些辛辣刺激性和生冷的食物也要少吃，因为这些食品都容易造成痛经或月经不调。所以，女孩儿在经期千万不要因一时的嘴馋而乱吃东西，否则影响到身体的健康，就追悔莫及了。

由于女性在经期体质较弱，所以要避免过冷或者过热，防止高温、日晒、雨淋、风寒，避免剧烈的运动，注意劳逸结合，保证充足的睡眠，才能保持充沛的精力和良好的心情。

作为女孩儿最好能养成记录经期起止时间的习惯，这可以让你更清楚地了解自己的月经是否规律，发现身体的变化，从而能够起到预防疾病的作用。

经期需要注意哪些问题

今天上体育课，我因为“老朋友”的来到，而又一次“名正言顺”逃脱了体育课的跑步训练。而且凑巧的是，我、小丽、乐乐三个死党都在体育课见习之列，因为我们几个的“老朋友”都来了。所以我们三个老实地坐在体育场看台上，一边看同学们训练，一边聊天。

乐乐说：“咱们三个可真不愧是死党，就连月经都同一天来。晓雪你来月经还肚子痛吗？记得你经常会肚子痛的。”

我仰起头对乐乐说：“乐乐，你也太小看我了吧，自从我认真吃饭、好好锻炼身体以后，痛经的次数就少多了，不是每次都那么痛的。”“女生在经期是不是什么体育活动都不能参加？”小丽说。

“不是这样的，我妈说，女生月经来了，不能做剧烈的运动，适当地做一些舒缓的运动还能减轻经期的不适呢。”我赶紧纠正小丽的错误观点。

“那经期可不可以游泳呀！我这周末还打算和爸爸去游泳呢！”乐乐说。

我说：“今天都周五了，这周末看来你是游不成泳了，因为女生月经期是不能游泳，不能沾凉水，而且还不能吃冰激凌的。”

“女生的经期太麻烦了，什么都不能做，我奶奶还说不能洗头洗澡呢！”小丽郁闷地说。

“哪有呀，经期可以洗头洗澡的，只不过经期体质弱，你奶奶怕你着凉才这样说的。对吧，晓雪？”乐乐说。

“经期是可以洗澡的，不过只能洗淋浴，不适合泡澡，泡澡的话会让细菌从阴道进入我们体内的。”我不由得意起来，把老妈告诉我的常识又向乐乐她们讲了一遍。

接着，小丽又抛出一个问题把我给问住了：“晓雪，你有没有听说，其实我们的经期可以用药物推迟的。”

“我上次期中考试正好赶上肚子痛，我本来想用药物向后推迟几天，但是让我老妈给阻止了。我妈说，吃药虽然可以让经期往后推迟，但是过后很容易造成经期紊乱，有害健康，所以上次我妈就没让我吃药。”

“除了我们知道的这些，月经期还有哪些事情不能做呀？”乐乐问。“我也就知道这些，其他的就不知道了，要不我再问问我妈吧，明天告诉你们。”我想了想说。

亲爱的女儿，你们都说得很对，经期除了你们上面说的不能做剧烈的运动、小心不要着凉、注意在经期洗澡时用淋浴外，还需要注意如果是在公共洗浴的地方，内衣不要与其他人混放或者换穿，毛巾一定要用自己的，防止发生交叉感染。

我们在平时累得腰酸腿胀的时候，喜欢用捶打来缓解肌肉的不适，但是在经期出现的腰酸肚胀则是由于我们的盆腔充血引起的，如果这时捶打腰部，则会加速盆腔充血，导致流血增多，使得腰部更加酸胀，所以女孩儿要记住，经期腰酸时并不适合捶打。

女孩儿在经期还不适合拔牙，因为在经期，子宫会释放出具有抗凝血作用的蛋白酶，使身体凝血能力降低，如果出现伤口后，会不容易止血，容易造成身体出血量过多，所以在经期，不适合拔牙和各种出血量大的手术。在经期因为受到体内激素分泌的影响，也不适合进行体检，因为这会影响到体检的真实数据，造成检查的结果不标准，所以进行体检最好避开经期。

妈妈发现，很多女孩儿为了方便，尤其是夏季在经期洗澡时，喜欢用沐浴液顺便清洁阴部或者用热水反复冲洗，这些做法都是不健康的，因为女性的阴道正常的情况下是偏酸性的环境，而沐浴液和热水都会导致碱性的增加，会让阴道对细菌的抵抗力降低，再加上经期身体的抵抗力本来就降低了，更容易受到外界的感染。因此，女孩儿要选择专业的阴部清洗液来清洗阴部，才更健康。

除了妈妈以前告诉过你的在经期不能吃生冷的水果蔬菜和冰冻饮料外，浓茶、咖啡、酒、油炸和太咸的食物也不适合经期食用，因为这些食物都会加剧经期不适症状的出现。

妈妈曾经告诉你在经期不要穿过紧的裤子，因为这会影响到身体血液的循环，容易造成阴部的充血水肿和细菌的滋生。

跳高、跳远、赛跑、游泳、打球等这些比较剧烈的运动不适合在经期参加，因为会加重身体负担，容易引起身体疲劳不适，甚至还会引起痛经。但是一些活动量小、动作温和的运动还是可以参加的，如乒乓球、太极拳、散步、体操等。适量的运动不仅可以促进经期的血液循环，减轻腹部胀痛感，而且还可以分散经期注意力，缓解经期紧张的情绪，有助于保持经期的精神愉快。所以说，女孩儿不要认为在经期什么都不做是好的，适量的劳动和运动都是有必要的。

女儿，如果你能把妈妈上面告诉你的这些注意事项都做到的话，相信你在经期会减少很多不必要的麻烦和痛苦，更愉快地度过经期。

内裤上白色的东西是什么

最近，我发现内裤上有时会有白色的、黏黏的东西，这是什么？怎么以前从来没有见过？看起来脏脏的，害得我最近老在家里洗内裤。妈妈今天还问我：“晓雪，最近怎么突然这么勤快了，每天都看见你在洗手间洗内裤，是不是又有什么事情了？”

“妈，您真厉害，什么事情都瞒不过您！”我说。

“行了，别贫嘴了，又遇到什么不好意思说出口的事情了？”妈妈赶紧打断我啰唆的奉承。于是，我就把有关内裤的苦恼告诉了妈妈。妈妈听了后说：“原来你是在为这件事情苦恼呀！内裤上那些白色的液体是白带。进入青春期后，女孩儿都会开始出现白带的。它是人体分泌出来一种白色液体，有抑制细菌、让阴道保持湿润的作用。”

“那是不是以后每天都会有呢？好烦人呀！”我问。

“不会的，白带一般出现在两次月经中间一段时间内，还有月经前后的几天里，其他时间里就会自行消失。”

“哦！原来是这样！”我终于明白是怎么回事了。

妈妈还告诉我，健康的女孩儿，白带是白色、无臭味、带有黏性的液体。如果白带呈黄色，或者白色豆腐渣状等，或者带有臭味的情况下，就说明白带里有病菌，就需要到医院去做检查了。妈妈说，女孩儿遇到这种情况后，千万不要害羞，要及时告诉家人，然后让父母陪同去医院检查，只有及早治疗，才能防止病情的蔓延，才能保证我们身体的健康！

女儿，妈妈知道，女孩到了青春期身体会发生很大的变化，可能会遇到以前从来没有发生过的事情。妈妈希望你能知道，这是每个人在成长过程中都必须要经历的，所以不要对此产生厌烦感，要用一份坦然的心态来对待它。如果遇到什么不懂的问题，可以问妈妈。妈妈会尽最大的努力给你最满意的回答，千万不要傻傻地独自在一旁苦恼。

关于女孩白带的问题，妈妈在这里再向你详细地解释一下。其实女孩在青春期之前是没有白带的，只不过随着青春期女孩卵巢的发育，促使雌激素分泌，才开始出现白带。不过你可千万不要讨厌白带，它可是我们身体健康的好帮手。因为白带能够保持阴道的湿润，使阴道里大量的阴道杆菌能够生存，这些阴道杆菌都是有益菌，它们能够有效地杀死那些外来的有害病菌，从而起到保护阴道的作用。

而且，白带会随着身体雌激素分泌的多少而有所变化。一般来说，白带会出现在两次月经的中间，这时是女孩儿雌激素分泌的高峰期，所以这时的白带量会增多，白带一般呈透明蛋清状。在月经期的前后几天也会出现白带，这时由于白带中含有较多的脱落细胞，所以呈混浊黏稠状。这段时间，女孩儿们就需要注意勤于换洗内裤，保持内裤的洁净和干燥。

白带还是我们身体健康的晴雨表，正常情况下的白带是乳白色或者透明的黏稠液体，没有腥臭的味道。反之，如果白带出现黄色、有臭味、带血、灰白色、凝乳状、泡沫状，就说明身体可能会患有某些疾病。遇到这种异常情况后，要及时告诉妈妈，赶快去医院检查和治疗。

第三章　青春萌芽，了解悄悄变化的自己

俗话说得好，女大十八变。随着女孩青春期到来，身高的增长，脂肪的增加，转眼间女孩就由一个少不知事的小丫头变成了婀娜多姿的少女，女性特有的曲线美和其他的特征也开始逐渐呈现出来。青春期作为女孩继婴幼儿时期后的第二个身体迅速发育期，除了乳房增大和经期出现，身体的其他地方也在悄然地发生着变化。女孩的声音变得更高更细，脸上开始出现了讨厌的小痘痘，身上也长出了绒毛毛，这为女孩增添了不少烦恼。女孩这时就要学着了解悄悄变化的自己。

声音为什么变了

玲玲是我们学校的广播员，她的声音非常悦耳动听，每次在学校的演讲比赛上玲玲总能拿第一名。每天在课间的时候，我们在校园里的任何一个地方都可以听到她清脆的声音。可是最近却不知道为什么，很久没有听到玲玲播音了。

这天下午，乐乐突然跑到我身边，悄悄地对我说："你知道玲玲最近为什么没有播音吗？"

我说："为什么？"

"听玲玲班的同学说，不知道怎么了，玲玲的声音突然变得沙哑，所以不能播音了。"乐乐告诉我。

"这是怎么回事？"我好奇地问。

乐乐说："我也不知道，有人说玲玲到了变声期了，所以声音才会变得不好听了。你说她的声音会不会像咱们班的男生一样变得那样粗粗的、不好听呢？"

"不会吧，玲玲是个女生，怎么会变成男生的声音？"我觉得这件事情太不可思议了。

"不知道，反正玲玲声音变得沙哑这是事实，不信你去问问他们班的同学。"乐乐对我信誓旦旦地说。

回到家后，我一直在想，如果玲玲到了变声期声音变难听了，那么我会不会也像她一样，到时候声音也会变很难听呀?

亲爱的女儿，妈妈想告诉你的是，到了青春期，不光是男孩子，女孩儿也会有变声期的。女孩儿在变声期时，可能就会出现像玲玲一样的情况，声音会变得沙哑。

一般青少年在 14 ～ 16 岁都会出现变声期的。这时，男孩、女孩的声带都会发生变化。男孩的喉腔会变大，并出现喉结，声带也会变宽变厚，声音会变得比较低沉。而女孩儿声带会变得比较短而薄，声音会变高变细。青少年在变声期说话的声音会与儿童时期有所不同，变声期一般会持续半年到一年的时间。

造成女孩声音沙哑的原因是，在变声期随着声带的发育变化，可能会出现局部充血水肿、喉咙分泌物增多等情况，从而导致女孩的声音比较沙哑，这个时候女孩的声带很容易疲劳。但并不是所有的女孩都会出现这样的情况，有的女孩沙哑的情况可能严重一些，有的则不太明显。只要你能在青春期好好保护你的嗓子，这种情况就能减少或者不出现。即使女孩在变声期声音出现沙哑，一旦过了变声期，都会恢复正常，所以不用太过担心。

青春期如何保护嗓子

刚说完玲玲不久，我的嗓子好像也到了变声期。例如，这周上音乐课时，老师教给我们唱《欢乐颂》，平时我很容易就能将高音唱上去，可是今天我却发现很多音都唱不上去，而且有时还会唱破音，一节课下来嗓子感觉有些难受。而且有时候早上起来，觉得嗓子有些干干的，甚至感觉有些讲不出话了，要过一会儿才能说出来。

要知道，平时课间我最喜欢和同学们谈天说地的。可是最近，没聊一会儿，嗓子就觉得很累。回到家后，我跑到妈妈的卧室抱住妈妈："妈妈，我好像也到变声期了，嗓子总是感觉很累！"

妈妈说："那你最近可要注意好好保护你的嗓子了，早上起来先喝杯清水润润喉咙，在平时也要注意多喝水，避免长时间大声说话或者唱歌，让你的嗓子不要过度劳累，得到充分的休息，这样就可以保护嗓子。"

宝贝女儿，看来你的嗓子到了变声期。如果不想让你的嗓子变得沙哑，那么在变声期这个阶段，就需要好好保护自己的嗓子。

首先，在平时要避免大声地说话和唱歌。因为处于青春期的声带非常脆弱，稍不注意，就会导致嗓子的充血和水肿，如果用嗓过度的话，可能会导致声音终生嘶哑，所以用嗓子要节制，避免大喊大叫。

在冬天还要注意脖子的保暖，避免口腔和喉部受冷着凉，尤其注意不要感冒，因为感冒会加重声带充血肿胀的情况。也不要熬夜，每天要保证9个小时的睡眠。除了注意休息好之外，在平时还要多参加一些体育活动，不要像小懒猫一样整天待在家里，锻炼好身体，对声带的发育也是大有好处的。

女儿，我知道平时你喜欢吃一些油炸食品和辛辣食品，那么现在你就需要注意了，对于这类的食品现在就要尽量少吃或者不吃，因为这些食物都会对喉咙和声带产生很大的刺激，容易使这些部位充血、肿胀，并使声音沙哑。

对于平时你最喜欢吃的爆米花、锅巴、炒货类的食物，由于此类食物过于干燥，容易划伤嗓子，所以也要尽量少吃。在日常生活中，可以多吃一些猪蹄、猪皮、鱼类、豆类等富含胶原蛋白和弹力蛋白质的食物以及一些富含维生素 B 的食物，如西红柿、香蕉、猕猴桃、橘子、菠菜、香菇、鸡蛋等，这些食物都有利于声带和喉咙的发育。我知道你在平时吃饭时，喜欢吃肉，不喜欢吃菜，但是你要知道偏食会导致营养摄入不足，从而会影响到你身体的成长和发育。所以，为了身体健康，偏食这个坏毛病你可要好好改正呀。在平时要多吃一些新鲜的蔬菜水果，让自己摄取更全面的营养。营养充足了，身体健康了，声带才能更好地发育。

心情的好坏也和声带发育有很大关系，根据科学家的研究表明，紧张的情绪容易导致声带的水肿、息肉等疾病的产生。因此，在青春期如果要想让自己的嗓音变得更加甜美，一定要让自己时刻保持一个稳定和愉快的心情。

关于变声期的知识，妈妈就给你讲到这里。平时你也可以看一些相关的书籍，了解青春期的一些生理卫生知识，让自己顺利地度过人生中最重要的青春期阶段。

痘痘也来凑热闹了

前几天，看到班里有些同学长了青春痘，我还暗自庆幸自己没有呢。没想到还没过几天，自己脸上和额头上如雨后春笋般地长出了很多小痘痘，太令人烦恼了，看着脸上的小痘痘，真想把它们都统统消灭掉。唉！什么时候才能还给我那张光滑如初的脸呢？

正在我唉声叹气的时候，妈妈走过来说："还在为你脸上的痘痘烦恼呢！""对呀！这些痘痘好烦人呀！妈妈，我脸上为什么会长痘痘呀？"

妈妈回答说："在青春期阶段，不管女孩还是男孩，脸上都容易长痘痘。因为这个年龄阶段的青少年皮脂腺分泌比较旺盛，分泌出来的过多油脂堵塞了毛孔，使得毛囊中的废物不能被排出来，从而引起皮肤发炎，导致长出青春痘来，青春痘还有一个名字叫痤疮。不过，别担心，妈妈告诉你几条治疗青春痘的简单方法，可以帮助你消灭这些小痘痘。"

"那太好了！妈妈您快告诉我有什么好办法吧。"我迫不及待地想知道答案。

妈妈说："别着急，青春痘只有通过慢慢调理才会好的。首先，你要记住脸上长了小痘痘，千万不要用手去乱摸、乱挤，因为手上的细菌很容易感染皮肤，这会让脸上的痘痘更加严重的，而且如果用手挤的话，还可能会留下永久性的疤痕，到时候可就后悔莫及了。"果然还是妈妈了解我，一开始就警告我不要用手挤小痘痘，在私下我还真偷偷挤过几个小痘痘呢。

"知道了，母亲大人，为了我脸部的美观和健康，我一定不会用手去挤脸上的痘痘，您放心好了。"我赶紧向妈妈保证。

妈妈接着说："如果要想让脸上的痘痘减少或者不见，每天早晚都要做好皮肤的清洁工作，马马虎虎地洗脸是解决不了问题的。青春期脸上有痘痘的女孩儿，适合用中性偏碱性的香皂或者洗面奶，在脸上轻轻地按摩3～5分钟，再用温水冲洗干净，这样就能彻底清洗掉脸上皮肤的油垢和灰尘，避免它们堵塞毛孔。要避免使用一些油性化妆品。另外，还可以涂抹一些如维A酸、维胺脂等一些治疗痤疮的药膏，但是一定要遵循医嘱使用，不可以随意乱涂，因为这些药物都会有一定的不良反应。如果脸上的痘痘比较严重的话，就需要去正规医院的皮肤科接受治疗了。一般过了青春期后，痘痘就会自然消失。”

果然还是老妈厉害！按照妈妈告诉我的方法，没过几天，脸上的痘痘真的少了很多，只是偶尔还会冒出几个，不过这样就已经让我很满意了，毕竟我还是处在青春期嘛，知足者常乐！

女儿，除了妈妈告诉你的那些方法之外，要想彻底地和痘痘说再见，还要注意以下几个方面。

我知道平时你最喜欢吃肉，还有各种甜点和油炸的食品，但是如果你想让痘痘赶快消失的话，这些食品你就要尽量少吃了，还有那些辛辣刺激性食物也最好不要食用。平时要注意多吃一些新鲜的蔬菜水果和高纤维的食物，这些有利于排出体内的毒素。身体健康了，脸上的痘痘也就会自然减少了。平时还要注意多喝水，因为肌肤缺水也会导致毛孔堵塞。不过，妈妈这里说的喝的水是白开水或者纯净水，可不是你经常喜欢喝的可口可乐之类的碳酸饮料。

其次就是要多做运动，这样可以促进血液循环和身体的新陈代谢，不但能够提高身体抵抗力，让体内的废物尽快排出，而且在运动中皮肤不断出汗，还会让毛孔保持通畅，有利于消除脸上的痘痘。

还要注意保持日常的个人卫生，每天早晚做好皮肤的清洁工作，不要与他人混用毛巾，洗澡和洗脸的毛巾最好分开使用，另一方面还要经常保持毛巾、枕头、床单、被子的清洁。有的女孩子觉得洗脸可以去除脸上的油脂，所以每天会洗好几次脸，其实这种做法是错误的，洗脸过于频繁也会伤害皮肤，让皮肤变得干燥和粗糙。而且这样还会向大脑发出错误的信号，为了肌肤的平衡，会分泌出更多的油脂，反而更容易造成堵塞。一般来说，在一天之内，洗脸不要超过三次。

良好的作息习惯也有利于减少痘痘的产生，因为晚上 10 点到凌晨 2 点皮肤新陈代谢最为活跃，这时是皮肤的自我修复能力最好的时候。如果长时间熬夜的话，会影响人体的正常循环，让脸上的皮肤得不到修复，造成更多痘痘出现。所以，保持充足的睡眠是非常重要的。

除此之外，保持愉快的心情也是战胜青春痘的一个重要的法宝，因为过度紧张和焦虑也会导致痘痘产生，所以千万不要为了青春痘而感到自卑和烦恼，平时要保持健康快乐的心情，只要你能按照妈妈说的这些方法去做，相信你一定会战胜青春痘的！

身体为什么长出了绒毛毛

你知道吗？我最喜欢的季节就是夏天了，因为不但可以吃我最喜欢的冰激凌，还可以穿漂亮的花裙子，让我觉得自己就像童话世界中的小公主一样。

爸爸上周末还给我买了我梦寐以求的一条非常漂亮的粉色公主裙，当时把我高兴得一蹦三尺高。可是现在我却高兴不起来，因为我发现，我的胳膊和腿上长出了一些小毛毛，露出来的话太难看了，我的漂亮裙子也穿不成了，真让人郁闷！

我会不会像动物园的小猴子一样，浑身长满了毛呢？天啊！这也太可怕了，我可不想做小猴子，这可怎么办呀？一定要想个办法解决这个问题，我冥思苦想了半天，决定回家偷偷用爸爸的剃须刀把它们刮掉。嗯！这个主意不错，就这么办吧！

正当我在为自己的这个想法洋洋得意时，突然看到平时喜欢穿裙子的乐乐，在今天这个大热天，居然也穿着长裤子，这也太不像她的作风了。难道她和我一样，遇到了同样的问题？我好奇地问：“乐乐，我记得你平时挺喜欢穿裙子的，今年夏天你怎么不穿了？”

乐乐说：“唉，我正郁闷着呢。”

“怎么了？”我连忙问。

乐乐一脸苦恼：“不知道怎么了，我的身上长了很多毛毛，虽然没有男生的那么密，那么黑，可是很长，难看死了，这叫我怎么穿裙子呀！”

我说：“原来，咱们还真是同病相怜呀。”

“怎么，你也遇到这个问题了？”乐乐赶紧问。“是呀！我正想着回家后偷偷用爸爸的剃须刀把它们给剃掉呢！”我说。乐乐叹了口气说：“你还是别费事了，为了对付这些讨厌的毛毛，不管是剃还是刮、拔这些办法，我早已经试过了，根本就没用，用不了几天，它们就又长出来了。”

“啊？这些办法没用呀，我还以为自己想了一个好注意呢！你别担心，回家我问问妈妈，看看她有什么办法，怎么说我妈妈也是医生，肯定会有更好的办法的。”我拍拍乐乐的肩膀安慰她说。看来，这次真的得回家请教老妈了。

女儿，幸好你没有自作主张给自己剃毛。你知道吗？如果操作不正确的话，那样做会对皮肤造成伤害的。其实每个女孩儿在青春期都会开始生长体毛，只不过有的女孩身上的毛发颜色比较淡不容易被看出来，有的女孩毛发颜色较深，比较明显而已。对于不同的人来说，毛发生长时间的早晚、毛发的长短、粗细、多少以及颜色的深浅也是不同的，就像你们班里的同学有高矮胖瘦之分一样。

对于青春期的女孩儿来说，不光胳膊和腿上会长汗毛，女性的外阴处也会长出阴毛，并且随着年龄的增长，阴毛的颜色也逐渐加深、变粗。身体上长的这些毛毛都是人体正常的自然生理现象，都是为了保护身体的。比如说，汗毛的作用是帮助身体保温、排汗、散热的；阴毛除了能够吸收和散发汗液外，还能够保护身体重要部位不受到外界的伤害。所以不必对这些毛毛产生厌恶和羞耻感，它们都是对身体有保护作用的。

有的女孩儿像你一样，觉得自己的胳膊和腿上的汗毛影响美观，所以想尽办法想把它们清除掉。她们会用剃、拔或者脱毛膏等几种方法。这些虽然可以解决一时的问题，可是没过几天它们还会长出来，并不能解决根本问题，而且这些方法都会有一定的副作用。比如说剃的方法会让汗毛看起来越剃越粗的。因为正常生长下的汗毛是毛尖比较细，根部比较粗，如果用剃刀从根部切断汗毛后，随后长出来的汗毛，会看起来像变粗了。如果用拔的方法，虽然效果会持久一些，但是会很痛，而且还容易引起毛囊的感染，甚至会形成疤痕。脱毛膏虽然很方便，但是作为一种化学性药剂，对皮肤有很大的刺激性，所以不适合敏感性皮肤的女孩儿使用，而且过几天汗毛也会重新长出来。

从上面可以看出，这些脱毛的方法中没有一种是非常理想的、能够彻底清除汗毛的，所以妈妈觉得最好的办法就是接纳自己，顺其自然。但是如果出现体毛突然增多、声音变粗、喉结突出、月经不调等状况，就属于病理性的，这就需要及时去医院检查，好对症治疗了。

女孩怎么也长小胡子

小尚在我们班可有铁齿铜牙之称，她那张刀子嘴，一般是无人敢惹的，因为基本上很少有人和她吵架能占上风。但是今天小尚却首次在众目睽睽之下败了阵。

事情是这样：今天课间不知道因为什么原因，小尚和同桌杜超开始为一个问题辩论起来，正当杜超即将败下阵来的时候，他突然想到了什么，笑着说："小尚，你这样子可真的一点都不可爱，怪不得别人都说你像男人婆。"

小尚听到这句话，就像戳到痛处一样跳起来："你才是男人婆，我可是女孩儿。""男人婆"是我们班淘气的男生给小尚起的外号，因为小尚平时比较干练，又有些彪悍，再加上她的那张利嘴，一般没人敢惹。我们班的同学都知道小尚最讨厌别人说她是"男人婆"。你想想看，哪个青春少女希望别人给自己起这个外号。但是杜超面对将要爆发的小尚却毫不在意，而是继续说道："你不是男人婆，怎么会和我们男生一样长胡子呢！呵呵。"

我们听完，视线都转向小尚，小尚的嘴上边真的居然和班里的男生一样，长了一些小胡子。小尚听到这句话后，什么话也没说，趴在课桌上哭了起来。

看来小尚这次真的生气了，我们纷纷责怪杜超不该这样说小尚，杜超似乎也没料到小尚会有这么大反应，站在小尚的旁边有些不知所措。幸好这时上课铃响了，要不，还真不知道怎么收场。真想不明白，小尚是女生，为什么会长胡子呢？

女儿，其实人类和动物一样，毛发大部分都有保护身体的作用。例如，头发是为了保护我们头部不受到外部伤害；眉毛是为了防止汗水流到眼睛里；身体上的汗毛有排汗保温的作用。毛发是在身体激素的刺激下生长的，小尚长的其实并不是胡子而是汗毛，不过汗毛较长而且颜色较深而已。这可能是家族遗传造成的，也可能是因为体内雄性激素分泌过多，也可能是单纯的多毛症或者精神紧张导致内分泌紊乱而造成的。在不确定什么原因的情况下，就需要小尚去医院做一下检查，然后再确定相应的治疗方法。

妈妈想起前不久，你还为自己身上长了并不十分明显的汗毛而闷闷不乐，不想穿裙子，更别说小尚嘴上长“小胡子”了，你可以想象得到小尚的心里有多么难过了，所以你们千万不能再嘲笑她，往她的伤口上撒盐了。如果小尚特别在意自己嘴上的“小胡子”，用脱毛膏或者用剃须刀或许能帮她暂时解决问题，可以将嘴上的汗毛暂时去除掉。只是这些方法只能起到短期的效果，因为过不了多久，汗毛又会重新长出来的。需要提醒你们的是，这些脱毛的方法如果操作不当，都可能会对皮肤造成伤害，尤其像小尚要去除的汗毛在脸部，所以在脱毛时一定要在医生或者家长的指导下进行操作，防止美容不成反而毁容。

还有一种一劳永逸的方法，那就是激光脱毛，它是依靠激光产生的热量来破坏毛囊，使毛发停止生长，从而永久性地脱毛。激光脱毛只能对处在生长期的毛囊有抑制作用，对于一些不再生长期的毛囊是不起作用的，所以脱毛之后数量会明显减少，但是还会有一些毛发会长出来。要想彻底地清除，通常需要做 2 ～ 3 次激光治疗才行。由于激光脱毛需要比较专业的操作技术，否则操作不当可能会对皮肤造成灼伤。所以最好去正规的医院和专业机构去做激光脱毛比较安全。

总之，女孩儿要切记，身体上出现什么问题，在不明白的情况下千万不要自作主张随便处理，而是要告诉家长，家长会根据情况来决定是否应该看医生。这样才能保证在你们身体安全的情况下，达到治疗的结果。

长得太矮或长得太高

我现在都已经上初二了，是个大姑娘了，可是我最近却发现自己个子并没有长高多少，看着以前和自己差不多高的丽丽和乐乐，像小树苗一样个子长得飞快，已经超过我半头了，这可把我急坏了。唉，我为什么长不高呢？

我愁眉苦脸地问妈妈："妈妈，为什么我的个子总是不长呀？以前我和丽丽她们个子都差不多，可是，现在她们的个头早已经超过我了。我却看起来还是老样子，没有太大的变化。"

妈妈听完我的诉苦后，笑着说："那你怪谁呢？平时不好好吃饭，喜欢挑食，这也不吃，那也不吃的，怎么能长好身体？前几天你还闹着减肥，要不是我及时阻止你，你的个子更不长了！"

我赶紧问:"如果现在我能改正挑食的话，还能长高吗？"妈妈说:"当然能，现在你还处于青春期，如果从现在开始，你能够好好吃饭，不再挑食，每天加强锻炼，一定能够长高的。"

"那真是太好了！从今天开始我一定会好好吃饭，加强锻炼的。妈妈，您要好好监督我呀！"

妈妈说："没问题，从今天我就开始监督，到时候可不许耍赖。"

“我保证不会耍赖的！”我连忙向妈妈保证。

等着吧！为了高挑的身体，我一定会好好努力的！加油，晓雪，你一定行的！

亲爱的女儿，妈妈知道你最近正在为自己的身高而苦恼，不过不用担心，只要你能够把平时的那些坏毛病改掉，你还是可以长高的。

妈妈之所以让你改掉挑食的坏毛病，是因为在身体的生长发育阶段，身体的各种器官和骨骼都在快速成长和发育，对于各种营养和能量的需求很大，如果这时候营养不良的话，就影响身体的正常发育，推迟或者减缓身体发育时期，甚至还会造成身材矮小、视力下降、平胸等状况的出现。相信你也不希望自己身体出现这样的状况，所以如果你要想长高，就必须好好吃饭。

在平时吃饭时，你经常会遇到自己喜欢吃的食物就吃得很多，不喜欢吃的食物就吃得很少，有时甚至不吃。妈妈当时说你，你还不乐意。妈妈知道，每个人都有自己喜欢吃的食物，但是喜欢吃的食物也不能天天都吃或者只吃自己喜欢吃的呀！很多时候对自己有益的东西，往往并不都是自己喜欢的东西。俗话说得好，“良药苦口利于病，忠言逆耳利于行”。所以，女儿，你要学会管住自己，注意饮食的平衡，让自己的食物能够多样化，五谷杂粮、蔬菜瓜果、禽蛋肉奶，什么食物都要吃一点。只有不挑食、不偏食，才能让自己的身体长高长壮。

对于零食要少吃，零食吃多了会影响到正常用餐。前一段时间你自己还胡乱节食减肥，让你本来就不全面的营养更加跟不上了，这也是影响身高的一个重要因素。

要想长得高的话，还要注意正确的坐姿、站姿、走姿和卧姿。如果养成弯腰走路的习惯，或经常趴在桌子上看书、写字，都会影响脊椎的正常发育，容易造成脊椎变形，也会影响到身体的正常成长。

晚上 11 点到凌晨 2 点这段时间，是身体分泌生长激素的时候，只有在晚上睡觉时，这些激素才会分泌，而生长激素的主要作用是促进骨骼的生长。所以说小孩子只有在睡觉时才会长高，这不是没有道理的。因此，每天一定要让自己在 10 点之前就睡觉，保持充足的睡眠，才能让自己身体长得更高。

此外，在平时还要积极参加一些体育活动，因为运动也能促使人体生长激素的分泌。适当的运动还能让身体瘦弱的人能够变强壮，对于那些身材过胖的人来说还能起到减肥的功效，而且，合理的运动还能让你更好地进入梦乡，让你有更高的睡眠质量。但是需要注意的是，不是所有的运动都利于长高，比如举重、负重练习等那些紧张的、需要耐力和静力的体育活动。那么，哪些体育项目有助于身体的长高呢？在青春期阶段，你们可以做一些伸展性的运动，如跑步、跳绳、健身操、舞蹈、游泳和各种球类运动、跳跃运动等，这些都能够很好地锻炼身体的协调性和柔韧性，有助于身体骨骼、肌肉的纵向生长，让你的个子长得更高。

另外需要注意的是，如果在青春期个子生长得异常快，而且比班里的同学高出很多，就需要警惕自己是不是患了巨人症。巨人症是由于大脑内部长有了垂体腺瘤致使生长素分泌过量而造成的，如果不进行治疗的话，身体在生长期过后就会出现早衰的现象，如身体行动迟缓、精神不振、乏力、驼背等。

所以，除了遗传因素之外，长得太高或者太矮都可能是病症造成，这需要你们对自己的身体多加注意，及时发现自己身体生长的异常现象，以便及时到医院治疗。

青春期还要注意视力的变化

哈哈，我盼望已久的暑假终于来到了，我早就想好了，上午写作业，下午可以上一会儿网，老爸老妈白天不在家，电脑终于归我独自占有了。平时，老爸老妈总把我看得很紧，除了学习外，周末只让我上一个小时的网。这下我可以在网络上尽情地遨游了，想到这些我就乐得蹦起来。

暑假可过得真快，一晃一个月的时间就过去了，这一个月除了偶尔去同学家玩，整个暑假我一直做“宅女”，写完假期作业后每天就是在家吃饭、上网、看电视、睡觉，过着自在的逍遥生活。

不过，新学期开学后，我就傻眼了，本来以前在教室的最后一排，我都能清清楚楚地看到黑板上老师写的字，当时我还在为自己保持良好的视力不用像班里的很多同学一样戴眼镜而得意呢。现在可好，在教室的第四排座位上，看着老师黑板上写的字都模糊不清。我心里想，完了，我也近视了，我可不想戴眼镜呀！我又郁闷了。肯定是我在暑假没注意用眼，整天上网、看电视造成的。唉！这怪谁呀！我现在才知道什么叫自食其果。

我怕老爸老妈合伙给我开批斗大会，所以晚上就赶紧把妈妈拉到房间里说：“妈妈……我想告诉您一件事情，我的眼睛好像近视了，现在看黑板上的字已经看不清楚了，是不是要戴眼镜了？可是我不想做眼镜姑娘。”

妈妈本来想责怪我，不过看到我这副可怜巴巴的样子，叹了口气说：“谁让你不听妈妈的话，不好好用眼。戴不戴眼镜，妈妈可不能给你做决定，周末我们去医院检查一下再说吧。”

周末看完眼睛回来，我长舒了一口气，医生说我属于用眼过度造成的，现在还属于假性近视，只要平时注意眼部适当的休息和治疗，视力还能恢复正常的，否则要成真性近视的话，我可真要戴上眼镜了。不过，这一次我就学乖了，吃一堑，长一智嘛！现在的首要任务就是好好保护自己的眼睛，我可不想做眼镜姑娘！

晓雪，通过这次事件，你知道好好保护眼睛的重要性了吧，要知道在青春期青少年眼睛正处于发育阶段，这个时候如果不注意对自己的视力进行保护，很容易成为近视眼的。

根据医学专家调查，大部分人的近视眼都是在青少年时代不注意用眼而造成的。这个时期是养成良好用眼习惯的关键时期。而保护好自己的视力则是一个长期的过程，所以妈妈希望你能通过这次教训，从现在开始就养成良好的用眼习惯。

你的视力为什么会减退呢？主要原因是因为长时间上网和看电视或者不正确的读书写字习惯，使得眼睛常常处于紧张、疲劳的状态而造成的。妈妈知道你也不想自己成为眼镜姑娘，所以帮你查了一些资料，并且还总结了一下。

在读书写字的时候注意坐姿端正，正确的坐姿要求眼睛要离书本有一尺的距离，身体和桌子保持一拳的距离，手和笔尖有一寸的距离，这样是最好的。也就是坚持做到三个一：一尺，一拳，一寸。平时不要躺着或趴着看书，虽然这样做可能身体很舒服，但是对眼睛的危害太大了，要看书一定要坐起来看，不要总是赖在床上，还有走路和乘车的时候也不要看书。

不管做什么，近距离用眼的时间都不要过长，光线要适中，不可太强或太弱。尤其是看电视、上网的时间不要太长，不要连续超过两小时。看电视和电脑的时候注意让自己视线的高度和屏幕保持平行，和电脑屏幕保持 0.5 ~ 0.7 米的距离最为合适。看电视时，距离屏幕的距离为屏幕对角线的 5 倍最为合适。还有一个简单的方法，就是伸直手臂，让自己手掌与屏幕平行，当整个手掌上下方能够刚好将电视屏幕的上下刚好遮住，就是最适合的距离。

不管做什么，当长时间近距离用眼时，一定注意要让自己的眼睛每隔一小时就休息一下。可以做一下眼保健操，让眼睛上下左右转动一下，看一看远处的景物，眨眨眼睛，按摩一下眼部周围等，都可以起到放松眼部肌肉、消除眼部疲劳的作用。

平时，多参加一些体育活动，如乒乓球、羽毛球等，都有利于缓解眼部疲劳，起到预防近视眼的作用。除此之外，良好的营养对眼睛也是十分重要的，要多吃一些富含维生素 A 和铬的食物，如鱼肝油、蛋黄、绿色蔬菜、水果、粗粮等，这些对眼睛都是很有帮助的。

最后就是每天要保持充足的睡眠，因为睡觉是消除眼睛和身体疲劳的最好方式，是身体健康的重要保障。

妈妈知道你这次眼睛的近视一定是在暑假每天上网、看电视造成的，但是妈妈不想再责备你什么，妈妈知道你现在已经是个大孩子了，不喜欢做什么事情都让大人管着。但是妈妈希望做大人就要有做大人的样子，做什么事情一定要有自己的底线和控制力，知道什么事情对自己好，什么对自己不好。所以，妈妈就等着看你今后的表现如何了。

第四章 成长烦恼，摆脱成长烦恼，做阳光女孩

在青春期，孩子不仅在生理上发生变化，在心理上也处于“心理断乳期”，开始有了独立意识。这时的孩子往往情感起伏较大，他们往往从心理上要求父母把自己当作“独立的成年人”，希望自己的想法得到尊重，对于父母的说教非常反感，很容易产生逆反心理。但是心理不成熟决定了他们在遭遇挫折和困难时会不知所措，容易产生情绪低落等消极心理，从而影响到他们的生活和学习。这时的父母该如何帮助孩子顺利地度过心理断乳期呢？这就需要父母转变观念，和孩子建立起朋友式的友谊，多倾听孩子的心声，理解和尊重他们，多帮助指导，少干涉指责，积极引导他们，让孩子摆脱成长的烦恼，顺利度过青春期。

女儿，别让“抑郁”纠缠你

最近，不知道为什么我不想和任何人说话，只想一个人静静地待着。本来很爱说爱笑的我，会突然安静下来，常常坐在教室里发呆，心里总是有种空荡荡的感觉，做什么事情都没有精神和兴趣，开始觉得人生很没意思，难道人生就是上学、上班、结婚、生子，然后这么过一辈子吗？我的未来又是什么样的？好迷茫啊！

小丽看到我这几天这么安静的样子有些不适应，课间她歪着头看着我发呆的样子说：“晓雪，你最近是身体不舒服还是怎么了，下课怎么也不和我们一起出去玩了，老是一个人坐在这里发呆呀？”我说：“没什么，最近就是想一个人静一静。”

“怎么看你的样子，好像失恋了一样，难道你喜欢上谁了？”小丽又开始往歪处想了。

“小丽，咱俩几乎天天都在一起，你什么时候看到我谈恋爱，还失恋了呢！真是服了你了。”我叹了一口气说，“我最近不过是有些郁闷了，什么都不想干，对什么都没兴趣。”

小丽说：“你该不会是得抑郁症了吧，怎么看都像一副怨妇的样子！有病要赶快去治疗，可别耽误了病情呀！”

“小丽！”看着我马上要爆发的样子，小丽赶紧闭嘴说：“好好，我不打扰你了，你继续发呆啊！”说完，她就一溜烟地跑了。

唉，今天上课本来想好好听讲的，可还是忍不住又发起呆来，结果还被数学老师提问，问题自然没答上来，老师虽然没说什么，但我的心情更加低落了，就这样心不在焉的一天又过去了。

晚上，我一个人躺在床上，看着被风吹起的粉色窗帘，又胡思乱想起来，难道我真的得抑郁症了吗？

亲爱的女儿，看来你真的是长大了，不是以前总喜欢跟在妈妈后面的小孩子了，你开始试着了解自己，思考人生的意义和价值，这说明你的心理开始成熟了，是一件好事。

很多像你这么大的青春期女孩儿，随着年龄的增长、生理上的变化，知识也变得丰富了，往往这个时候，会比较敏感，想得会比较多。面对学习压力、生活或者情感上的困惑，很容易产生一种孤独或者抑郁的情绪，这是青春期女孩子都会出现的心理现象，只不过由于性格的原因，每个人表现的程度不同而已。

适当的孤独能够让你学会独立思考，让你的心灵成熟。但是长期的孤独和郁闷，则会让你变得消极、沮丧、抑郁，甚至绝望。如果这时得不到及时的心理疏导，就会产生心里自闭，患上抑郁症，这就属于一种心理疾病了。

女儿，当你出现消极的不良情绪时，妈妈希望你能够正确面对，不要把它变成自己的心理负担，学会调整自己的心情，让自己能以一种积极的心态来面对人生。

学会敞开你的心扉，学会与人分享，学会转移自己的不良情绪。在心情不好的时候可以与朋友谈谈心，或许朋友不经意的一句话，就会让你有所感触，醍醐灌顶，从而让你的心情豁然开朗。心情不愉快的时候，看一看喜剧电影，主动做一些能让自己开怀大笑的事情，或者将自己的注意力转移到关心他人身上，或者大哭一场，都是一种不错的发泄方式。总之就是要学会让自己摆脱不良的情绪。

在平时，要学会给自己的生活制订一个计划或者一些具体的目标，比如，学习计划、健身计划等。这样你就可以清楚地知道自己最近要完成什么、以后要做些什么，就不会感到生活空虚或者没有目标了。女儿，当你渐渐长大后，就会知道其实每个人都有烦心事，每个人都有不如意的地方。什么时候你学会正视自己，学会以积极的态度面对人生中的困难和挫折，你才是真的长大了。

脾气变暴躁了，怎么调节

上学的路上，我和乐乐、小丽一边走一边聊天。小丽说："自从上了初中，我发现我变了，变得不再像以前那么乖，讨厌父母的管教，很容易生气。我也很讨厌现在的自己。你们说我为什么会变了呢？"乐乐说："你以为就你这样呀，我有时也这样，为了一件小事就对别人乱发脾气，明知道这是不应该的，会伤害到别人，但是却仍然那样做，不过每次发生这样的事情后，我都会懊悔不已。你说咱们这个年龄段是不是都会出现这样的问题呀？"

"可能是因为我们长大了，开始关注自己，渴望独立，希望什么事情都能自己做决定，不希望父母干涉，希望自己的意见能得到他人的尊重和认可而造成的性格变化吧！"我想了想说。

丽丽点点头说："嗯，分析得有道理，我现在就是什么都想自己做主，不喜欢他人的管教。我发现长大后烦恼越来越多，好怀念我们小学时无忧无虑的生活。我们这算不算成长中的烦恼呀？”

乐乐说：“大家别担心了，我觉得等到我们真正长大了，这些问题自然就会解决的。如果对父母有什么意见，我觉得主动向父母提出比向父母乱发脾气好，这样即使解决不了问题，也能让父母了解我们的想法，这样做对我们也比较好。”

“我同意乐乐的说法，我觉得我们什么时候再心情烦躁的话，就找个没人的地方大喊大叫一场，没准会让我们的心情变好呢，如果因为什么问题而烦恼的话，就应该告诉大家，然后大家一起想办法解决。我这想法不错吧！”我拍拍丽丽的肩膀说。

丽丽说：“好了，就这么说定了，以后我们三个人再有什么困难就一起想办法解决，俗话说得好，‘三个臭皮匠顶个诸葛亮’嘛！”

聊完天后，我们本来烦躁的心情又变得好起来，看来有朋友真的不错呀！

女儿，看着你们几个好朋友能在一起互相帮助，想办法去解决生活中遇到的问题，妈妈感到很开心。平时如果你遇到弄不明白的问题和事情，可以告诉妈妈，妈妈会很乐意想办法帮你解决问题的。

青春期为什么脾气会变得暴躁呢？那是因为你们现在正处于成长过程中的一个非常重要的时期，随着年龄的增长和知识的丰富，从心理上很想摆脱父母的保护和束缚，开始有了自己想要独立的要求和愿望。但是其实这个时候，你们并没有真正独立，这样就会和现实发生冲突，在愿望得不到满足和实现后，会出现一种矛盾的心理，情绪容易波动，心情容易烦躁，脾气也就变得暴躁起来。其实不只是你们，这是每个人成长中都要经历的一个过程。

怎么才能让自己摆脱这种坏心情呢？当我们心情不好或者情绪低落时，我们要想想为什么会这样，如果遇到问题就想办法解决问题。如果只是因为心情不好，就要想办法来调节自己的情绪，如大声地唱唱歌，听听音乐，找好朋友聊聊天，做做游戏，去做做运动，都是不错的好办法。总之，就是想办法让自己烦躁的情绪得到释放或者转移。

当意识到自己心情不好时，还要学会克制自己，避免在这个时候和别人发生冲突，否则伤害到自己的朋友就追悔莫及了。在希望自己得到尊重的时候首先要学会尊重他人，遇到事情后要多想想，不要固执己见，这样才能让你受到别人的尊重和欢迎，让你顺利地度过青春期。

妈妈为曾经对你的“唠叨”检讨

我觉得妈妈哪一样都很好，就是有些唠叨。就拿每天早上来说吧，本来想睡个懒觉，可是在妈妈的唠叨声中不得不起床。

早晨六点多，妈妈就开始叫我起床了:“晓雪，快起床了，都六点半了。”我在床上翻了翻身子，嘴里嘟囔着:“好了，我知道。”说完我又盖上被子，决定再赖会儿床。这时候又传来妈妈的唠叨声：“宝贝，别睡了，快醒醒，不然要迟到了。”“这么大孩子了，每天起床都得让妈妈叫。”“好了，别坐在那儿愣神了，赶紧穿衣服洗脸吃饭吧，要不一会儿真的迟到了。”在妈妈的唠叨声中我终于吃完了饭。

在我要出门的时候，妈妈还在不停地嘱咐我："记着在学校要好好听课，上课不要和同桌聊天说话。最近天气比较干燥，要多喝水，喝水少了容易上火和感冒，知道了吗？对了，钥匙，钥匙别忘了拿！""知道了，知道了。"为了避免妈妈继续唠叨下去，我赶紧穿上鞋，出门就往外跑。出了家门我松了口气。唉！我又不是小孩子了，老妈还是对我不放心，什么事情都喜欢唠叨，生怕我忘了，虽然我知道妈妈是为我好，可是唠叨太多了，总让我感觉有点心烦，我的耳朵都快听出茧子来了。

亲爱的女儿，妈妈想了很久，决定向你检讨关于妈妈的唠叨。妈妈知道我们的晓雪现在已经是大姑娘了，不喜欢听妈妈的唠叨了，而妈妈却仍然把你当小孩子来看待，什么事都喜欢对你唠叨两句，怕你忘记或者做不好，妈妈对此表示歉意，那是因为妈妈太爱你了。

妈妈知道，我们的宝贝女儿一天天地长大，懂得的东西会越来越多，有了自己的想法和主见，期待自己能够自由，不喜欢妈妈每天提醒你说"宝贝赶紧起床""上课要好好听讲""做完作业再玩""出门走路要当心""每天注意要多喝水"等这些话。妈妈知道这些你都明白，可是不管妈妈提醒了多少次，你还总是记不住。

记得好几次，在妈妈的不断唠叨下，你上学还是迟到了。妈妈也曾经说过多次，做完作业再玩，可你遵守过几次？当时妈妈真的很生气，觉得你太不听话了，所以妈妈只有靠不停唠叨来提醒你，如果你做得很好，把事情先做好，妈妈也就不会这么唠叨了。

经过妈妈自我反省，发现这样的唠叨，对你不但起不到什么作用，反而会让你反感和烦躁，适得其反。长久唠叨下去不但事倍功半，还可能会让你形成依赖他人的习惯，反而会对你的成长不利。所以妈妈决定从现在开始，不再对你唠叨。既然我的女儿已经长大，就要学着独立，学会自我承担，学会自我管理。即便没有妈妈的唠叨也能把自己的事情做好、做到位。

妈妈想再一次告诉你，妈妈为不断唠叨让你产生反感而道歉，那是因为爱你所以才对你唠叨的。现在妈妈也同样是因为爱你，想让你独立自由地成长而不再唠叨。

最后，妈妈希望你自己能把一切都做好，希望你能成为一个有担当的大姑娘。

你是否有过不眠的夜晚

上初二了，功课越来越忙，每天我都忙着上课、写作业。好怀念初一的悠闲时光呀！自习课上，看着班里同学一个个都在为考入更好的高中而埋头苦学，真有一种士兵要上战场的感觉。一想到明年就要上初三，马上就要升高中，就感觉压力好大呀！

不过人总是需要奋斗的嘛！想想我再过两年就是高中生了，时间过得可真快！我马上就要过15岁生日了，就快要成为成年人了。完了，我又开始胡思乱想了，我拍拍自己的头，让自己神游的思想回到数学题上。

看着今天发下来数学卷子，我又开始头疼了，一下错了两道大题，现在数学都快成为我的死穴了。

晚上回家，做完作业，躺在床上，一想到明天还要数学考试，我又开始在床上翻来覆去地睡不着了。折腾了半天，睁开眼睛一看都 12 点了，可是我还是睡不着。我看着窗外，开始数天上的星星，数了半天也没什么效果。我又开始数绵羊，一只、两只、三只……数到一千只了，可我还是没有一丝睡意。算了，看来这些方法都不适合我，我只能放弃了。睁开眼看着月光照耀下的天花板，心情有些烦躁，就这样直到凌晨两点，我才昏昏沉沉地睡着。

第二天起床，我就头昏脑涨地顶着两个黑眼圈上学去了。照这种状态考试，估计今天我的数学考试又得考砸了。

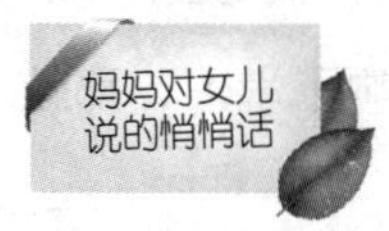

女儿，失眠是因为你对于考试太过紧张。一般失眠都是由于对某件事过于紧张、担心而导致自己很难进入睡眠的状态。如果遇到失眠状况，要想办法进行自我调节。就拿这次考试来说,你只要在平时做好充分的准备，增强信心，就不会出现这种状况了。

如果平时出现失眠状况，也不要过分担心，因为越紧张，越想让自己入睡，结果越适得其反。这时候我们可以想办法放松自己的心情，上床前洗个澡，用热水泡泡脚，到户外散散步，避免在睡前做一些剧烈的运动和吃一些辛辣刺激性或让精神兴奋的食品，如辣椒、茶、咖啡、可可等。

睡前喝少量的牛奶或者蜂蜜，吃一个苹果，都是有助于睡眠的。还可以在床头放一个苹果或者柑橘，这种水果的香味有安神的功效，可以帮助你进入睡眠状态。

上床以后要想办法排除自己心中的杂念，不要胡思乱想，让自己的心情平静下来，保持安静的状态，也可以听一会儿轻柔的音乐，这些都是不错的方法。

如果上床后实在睡不着，最好不要恋床，起来做一些让自己放松心情的事情，等有了睡意再上床睡觉。另外，在睡觉前，还要保持卧室的安静和空气的清新，床铺的软硬适宜也有利于提高睡眠质量，让你能很快地进入甜美的梦乡。只有睡得好，第二天才能有充沛的精力。

平时生活要有规律，养成良好的作息时间，即使在周末也不要睡得太晚，每天晚上 9 点到 10 点睡觉最为适宜。还要注意在白天的午休时间不要超过一小时，下午 3 点以后就不要再睡觉了。

每个人在日常的生活中都可能会出现失眠的状态，失眠时千万不要乱吃药、滥用各种所谓的保健产品，只要保持自然而平常的心态，完全可以让自己摆脱失眠的状态。如果连续两周以上出现失眠，影响了学习，那就需要告诉妈妈，去医院诊断治疗了。

走出青春期的“叛逆”

我一直都是家里的乖乖女，前几天邻居李阿姨还夸奖我懂事来着，不像她家的明明总喜欢跟她对着干。妈妈说，那是因为明明进入了叛逆期，过了这段时间就会好的。

仔细想想，我真的是个乖乖女，一般都会老老实实地按老爸老妈的要求去做。不过不得不说老爸老妈的教育方法也是比较民主的，做什么事情都会尊重我的意见。当然，对于我不合理的要求，老爸老妈也会毫不留情地拒绝。

不过，这两天我也开始叛逆起来。我平时很喜欢画画和看一些文学方面的书籍，可是最近妈妈怕影响到学习，取消了我周末的美术课程，不仅如此，还没收了我大量的小说，更让我气愤的是，她竟然没有通知我，就给我报了数学和英语补习班。这下我真的很生气，我感觉自主权受到严重的侵犯，所以开始和妈妈顶嘴，为一点儿小事就和爸爸妈妈大发脾气。

妈妈看我最近像小刺猬，见人就扎，知道我是为了补习班的事生气。这周末，妈妈终于忍不住把我叫到了卧室，看着我撅嘴的样子知道我还在生气。

“晓雪，妈妈知道你还在为取消美术课给你报补习班的事生气。对不起，这次是妈妈疏忽了，没有和你商量，但是妈妈不想你这样跟我怄气，所以妈妈想听听你的看法。”

没想到妈妈一开始就把这个问题提出来，还向我道了歉，本来想跟妈妈大吵一架的我，顿时没了底气，我委屈地说：“妈妈，您明知道我最喜欢画画和看书了，还把这些我最爱好的东西取消了。”

妈妈说：“妈妈也是想让你学习好！毕竟你现在已经上初二了，马上就要上初三，学业要比以前更紧张了。”

“妈妈，您知道吗？要是一天到晚总是学习反而会让我的学习效率降低。您以前不也说过，学习有张有弛才能学习好吗？”我继续为自己争取。

妈妈说：“这样吧，我们两个都退一步，想一个既能满足你的兴趣爱好又不耽误你学习的办法好吗？”

看到妈妈这样说了，我也不好意思再说什么了，经过商量，我们各让一步。周五晚上我可以继续去学画画，周六下午和晚上去上英语和数学的补习班。其他时间，只要我能保证好好完成作业，还可以继续看小说。就这样，青春期的一次叛逆危机圆满解决了。

女儿，妈妈很理解你这次的叛逆行为，但同时也希望你能理解妈妈的一片苦心。妈妈上初中的时候，也觉得你姥姥、姥爷管得太严，觉得家里大人说的都是废话，觉得自己的爸爸妈妈好啰唆，感觉在这个世界上没人能理解我，可是慢慢长大后，才明白你姥姥、姥爷当时的一片苦心，才发现那时的自己真的很蠢很笨，什么也不懂，这次是因为妈妈看到很多家长都为自己的孩子报了补习班，生怕你被别人落下了，太着急了，才没和你商量，希望你能理解。

妈妈想告诉你的是，在青春期，由于生理和心理的变化会让你的感情起伏很大，有了自己想法，却不愿告诉父母，还埋怨我们不理解你。这时的你虽然开始思考，有了自己的主见，但是有些想法还并不成熟，对于我们的教育有时会产生一种抗拒心理。我和爸爸不希望用简单粗暴的方式来干涉和约束你，所以希望你有什么想法能够告诉我们，这样我们才能知道什么是你喜欢的，什么是你讨厌的，如果你不说，我们可能永远都不会知道。就像这次你突然就不理爸爸和妈妈了，还整天对我们发脾气，要不是妈妈猜想可能是给你报补习班的原因让你产生叛逆心理，赶紧和你谈心，真不知道你要叛逆到什么时候。

所以，有什么问题千万不要憋在心里，否则妈妈根本不知道问题出在哪里，反而受到你的埋怨，认为我们不理解你。妈妈希望能成为你的知心朋友，以后遇到问题我们能够在一起心平气和地讨论，只要你的想法是合理的，我和爸爸一定尊重你的意见和选择。

不要自卑，其实你有很多优点

期中考试快到了，这几天数学老师又对我们进行了临考前的最后一场小测验。今天发试卷，一想到数学我就头疼，为什么我没能遗传老爸的数学基因？要知道老爸当年上学的时候，数学可是他的强项，他每次数学考试成绩都在全班前三名。所以每次看到老爸面对着我的数学试卷摇头时，我那叫一个郁闷。

发下试卷一看，果然这次考得又不是很好，差一点就要挂红灯了，我赶紧把成绩用铅笔盒盖上，生怕别人看到，感觉好丢脸呀！看看同桌王小光 118 分的成绩，再看看我 79 分的成绩，让我有些自惭形秽。

下课后，我问乐乐考得怎么样，看着乐乐垂头丧气的样子，我立马就猜到她一定和我一样考砸了。乐乐叹气说："你知道让我最受打击的是什么吗？"

"成绩呗，不就是数学考得不好吗？"我说。

乐乐摇摇头说："你错了，考得差只是其一，最让我感到惊讶的是，刚转到我们班的小美这次考了 110 分。咱俩还整天说美丽的女生一定无大脑呢！但是残酷的事实再一次沉重地打击了我们。"乐乐说的小美是刚刚从外校转入我们班不久的一个非常漂亮的女生。她长着大大的眼睛，长长的睫毛，高高的鼻梁……总之她刚来到我们学校，就成为学校公认的校花。当时我们班的同学还猜想漂亮的女生学习不好呢，这次小美的成绩让我们这些人都大吃一惊。

"你看人家长得又漂亮，身材又好，学习成绩也很优秀，简直太完美了。再说我同桌王小光吧，人虽然长得不好看，成绩也没得说，这次考了118分呢！”我叹了口气说，“我们可好，不仅长相这么普通，成绩还不如人家好，这简直太令我自卑了。”

乐乐说:“算了，什么也别说了，这不还有我跟你做伴嘛！”听了这话，我真的挺受打击，心里有些自卑：为什么我什么都不如别人好呢？

晓雪，其实你不必自卑，不必太在意你的数学成绩，成绩只是一个数字而已，它只是从某一方面反映了你的学习情况，并不能代表你整个人。你想想，除了数学你的其他功课都还是不错的，语文和英语，这两科的成绩经常都是名列前茅。而且你还很有绘画的天分，记得吗？去年你的美术作品还获得全市中小学生绘画一等奖了呢！你要知道“尺有所短，寸有所长”，每个人都有自己的优点和缺点。像小美那样又漂亮、成绩又好的人毕竟是少数，或许小美也有缺点，只是你没有发现而已。不要仅仅因为数学考试的失利就产生了自卑感。

女儿，你知道自卑感是怎么产生的吗？自卑感是因为对自己不自信，过低地评价自己，对自己不恰当的认识而产生的一种消极心理。这种自卑感会让你在困难和挫折面前表现出颓废失望，让你失去战胜它的勇气。如果不能克服自卑心理的话，不仅会影响到身心健康，还会让你失去前进的动力，让你能力得不到发挥，严重的话还会影响到你的人生，让你难有作为。

女儿，你现在需要学会的就是正确评价和认识自己，既不夸大自己的优点，也不夸大自己的缺点，在注意弥补自己缺点的同时，充分发挥你的优势，把挫折和失败当成你的动力，而不是在自怨自艾中产生一种自卑心理。美国作家爱默生曾经说过：“自信是成功的第一秘诀。”所以要树立起自信心，学会勇于面对人生，相信自己的能力，学会鼓励自己，给自己加油。在遇到困难和挫折时要时刻提醒自己：“我并不比别人差，别人能做到的我同样也能做到。”只要认准了目标，坚持下去，妈妈相信你一定会成功的。

别让嫉妒的心理左右你

“你知道这次期中考试咱们班谁是第一名？”小丽气喘吁吁地跑过来对我说。

“不知道，现在老师不是还没有公布名次吗？”我说。

“我刚才去办公室帮老师拿作业本时，看到办公桌上刚刚排好的名次，结果你猜是谁？是静雅获得了第一名，上次考试她不是考了第五名吗，这次没想到她竟然考了第一名，没想到人长得这么漂亮，学习也这么棒，真是太厉害了！”小丽一脸羡慕地说。

静雅是坐在我前面的一个漂亮、文静的女生，她不光长得好看，学习也非常好，每次考试成绩都名列前茅。

我说：“小丽，有没有看到咱俩考了多少名？”

小丽挠挠头，不好意思地说：“咱俩都是中等水平，你考了 19 名，我考了 20 名，真不愧是死党呀！”

面对着小丽的样子，我无可奈何地说：“行了，咱们先别管别人了，管好自己的成绩就好了！”

上课后，老师果然向我们公布了前十名的成绩，静雅的英语居然考了我们全班唯一的满分。静雅的同桌李超有些不高兴，因为向来第一名的宝座都是他的，这次他竟然被静雅给超过了，当然有些心里不是滋味。

下课后，我正趴在课桌上发呆，竟然看到李超将静雅的英语课本和练习册偷偷藏在了教室后面一个废弃的课桌里，然后装作若无其事的样子。

等下节英语课时，静雅果真在课桌里找了半天也找不到她的英语课本和练习册，急得都快哭出来了。看到静雅着急，李超一副幸灾乐祸的样子，却不告诉静雅的课本在哪。我觉得李超做得有些过分了。幸好英语老师还以为是静雅忘带课本了，就把自己的书暂时借给她看，这样静雅才算有了课本，上完了这节课。

下课后，我跑到后面，将静雅的英语课本和练习册拿了回来，偷偷放回静雅的书包里。这时李超刚好进教室，看到这一幕，李超对我说："晓雪，你最好少管闲事！"

李超竟然威胁我！我一下子火气就上来了："我这个人就喜欢管闲事，打抱不平。你说你一个大男人，心眼那么小，不就一次考不过人家，至于这样嘛！有本事自己好好学习，凭自己本事超过人家，用这种下三烂的手段算什么英雄好汉呀！"

"你……"李超被我反驳得说不出话来。

"我怎么了？我才不怕你威胁我呢！不行我把这件事告诉全班同学，让大家评评理。"

一看我口气这么硬，李超赶紧求饶说："行了，行了，怕了你了，我的晓雪大小姐，我以后不这么做了还不行吗？你可千万别告诉别人是我做的。"

哼，态度变得真快，刚才还恶狠狠的，现在又变成一副讨好的表情，看他是初犯，算了，原谅他一次，谁让我晓雪心眼好呢！"李超，这次我就暂时替你保密，你要下次再做出这种事情的话，我们就新账旧账一起算。你说你要把这点心思放在学习上，把压力变成动力，早就能超过她了，至于这样嘛！”

“行了，晓雪，我知道了，我知错就改还不行吗？你就不要像我妈一样唠叨了！”

他竟然嫌我唠叨，我刚要继续教训他时，他竟一溜烟跑得没影了，哼！算你跑得快，下次再让我逮到你再说。

我的女儿，这次做得真棒！你能够勇敢地指出李超犯的错误，告诉他凭自己的努力考好成绩才算是真本事，说得非常好，这才是正确学习的态度。

李超这样做其实是嫉妒心在作祟。他本来是一个品学兼优的好学生，这次却因为静雅成绩超过了他，让他陷入了嫉妒的沼泽，使他做出了不符合常理的事情。如果照此这样长久下去，这种扭曲的心理一定会毁了这个男孩子的人生。

嫉妒心虽然是人类一种情绪的表现，但是它是一种消极的、不健康的心理，如果不学会自我调整，让嫉妒心任意蔓延，可能会走向极端，不仅给别人带来了伤害，还会让自己痛苦不堪，给自己带来很多不利影响。嫉妒他人的同时，会让自己的心胸变得狭窄，还会给自己带来情绪上的怨恨和沮丧。

“嫉妒的人比任何不幸的人都痛苦，因为别人的幸福和自己的不幸，都将使他痛苦万分。”法国大文学家巴尔扎克说过的一句话，很好地描述了嫉妒给人们心理带来的伤害。培根也曾说过：“任何一个埋头沉入自己事业的人，是没有工夫去嫉妒别人的。”一个人要想摆脱自己的嫉妒心理，最好的办法就是培养自己豁达的人生态度，让自己的心胸变开阔，试着以欣赏的态度对待超越自己的人，把嫉妒转换为进步的动力，这样不仅能让你取得进步，还可能会让你获得其他额外的收获呢！所以在任何时候千万不能让嫉妒心来左右自己！

缓解“青春期焦虑”的方法

一年又要过去了，在迎接新的一年到来的同时，还要迎接一年一度的期终考试。一想到考试，我就有些紧张起来，其他成绩还不错，可是数学和化学却是我的弱项，看着班里的同学都在抓紧时间复习功课，我却怎么也静不下心来，白天也提不起精神学习。这几天又碰上邻居家办喜事，每天晚上都有客人到邻居家拜访，说话的声音有些大，吵得我都看不下书去，这让我本来就有些烦躁的心情更是差到了极点，甚至让我开始讨厌这该死的考试和惹人烦躁的吵闹声。在我又急又气的情况下，当然没有睡好觉。第二天在精神疲惫的状态下更无法集中精力去听课，就连复习都很难静下心来，还有半个多月就要考试了，照这样下去，一定考不好的，想到这，我的心情更加焦躁不安。

放学后，小丽忍不住问我：“你最近怎么了，怎么老看到你皱着眉头，一脸烦躁的样子，吓得我都不敢跟你开玩笑了！”

“还不是因为考试，一想到考试我就头疼，想好好复习，却又静不下心来，心里干着急！”我说。

“我还以为是每个月那几天又要到了才让你心情变得这么烦躁，原来不是呀！”小丽吐吐舌头说。

“我上周月经刚过好不好,现在竟然又咒我再来一次,小丽你找打呀！”

“呵呵，晓雪别生气，我开玩笑呢，谁让你这几天这么精神不振的。不过对待期终考试你也别太担心，放松心态，好好复习，发挥出你的正常水平就好了。”小丽拍拍我的肩膀安慰我。

“唉！我也想复习好，可是不知道怎么才能静下心来。”

小丽说：“我想到一个让你放松心情的好主意，这周末，咱们和乐乐一起骑车去郊外的植物园散散心吧。”

我说：“没心情。”

“你还没去，怎么就知道没心情，去吧，好晓雪，一起去吧！”小丽摇晃着我的手臂开始对我撒娇。

“好吧，好吧，我试试看好了，看看你的方法灵不灵验。”

“太好了，这周日上午9点，我们在你家集合，不见不散哦！”小丽高兴地对我说。

女儿，看来你患上了青春期焦虑症，由于青春期是女孩儿发育的特殊时期，情绪容易波动，在遇到某些困难和压力的情况可能就会产生焦虑的情绪。常常感到紧张、恐慌，整天提心吊胆、心烦意乱，缺乏安全感和自信心，使自己的情绪不能平静下来。这种焦虑的情绪，不仅会影响你的心情，还会影响到正常的学习，所以一定要给自己一定自信心，用一种平和的心态去对待生活中遇到的问题。就像这次，晓雪，你应该勇敢地迎接考试，放下心中的思想包袱，即使考不好也没关系，只要你努力了，妈妈是不会怪你的。

妈妈想告诉你的是，任何人在面对某种挫折或冲突时都可能会产生一种焦虑的情绪，这种心态并不是一种愉快的情绪体验，如果不能及时采取措施予以解决，这种情绪持续的时间过长就会成为焦虑症。一般来说，只要能自己调整好心态，完全可以避免焦虑的产生。

首先，你必须增强自信心，不要对自己的能力产生怀疑，夸大失败的可能性，在提高自己自信的同时，焦虑感会自然地消失。当你缺乏自信的时候，可以想想你以前的成就，这会让你很快恢复自信，化解自己焦虑不安的情绪。

其次，当你面对紧张情绪时，可以做一下深呼吸，活动一下四肢，想一些美好的情景，出来走走，暂时转移一下自己的注意力，这样做能舒缓一下心中的压力，减轻自己紧张与焦虑的心情。我觉得小丽的提议就很不错，周末你可以和朋友郊游，出去走走，抛开心中的烦恼，学会控制焦虑，学会放松自己的心情，让自己的情绪真正平复下来。妈妈希望你能调整好自己的心态，用一种平和的心态去对待学习和考试，妈妈相信你一定能战胜青春期焦虑。晓雪，加油呀！

不要太在意别人的看法

前几天，我在回家的路上捡到了一个钱包，交给了失主，后来失主为了表示感谢，写了一封感谢信送到学校来，为此，我还受到了学校的表彰。但当我上台领完奖状回来时，却听到下面有些同学在窃窃私语："怎么什么好事都让她给遇上了？”“说得挺好，拾金不昧，还不是为了学校表扬。”……我顿时有些生气，心里很不好受。

下课后，我看到乐乐居然也是一副无精打采的样子，问她：“你怎么了？”

“还不是因为今天的语文作文？”乐乐说。

“今天作文你不写得挺好的吗？老师还表扬了你，把你的作文当范文来念。”我不解地问。

“是呀！我本来也觉得挺自豪，可是没想到竟然有人说，‘这作文是她写的吗？’‘不会是抄的吧？’这让我很郁闷，他们凭什么用一种轻视的眼光看待我？”乐乐接着说，“我真的不知道怎么才能表达我现在的心情。”

看来，我和乐乐是同病相怜了，本来挺高兴的事情，却因为别人的观点和目光影响了自己的心情。

女儿，看来你和乐乐都受到别人想法的影响了。妈妈年轻的时候也曾经和你一样，非常在意别人的看法，经常怕自己说错话，怕别人不喜欢我，有时甚至放弃自己的想法，结果只是给自己增加了负担，让自己失去了主见。但是现在妈妈不会这样了，因为每个人都有自己的想法，每个人的思维方式也不同，如果永远在意别人的看法的话，只会永远活在别人的世界里。所以不要用别人的想法来衡量自己的价值，你的喜怒哀乐只属于你自己，你的人生也只属于你自己，只要你没有做违背法律或者道德伦理的事，觉得自己那样做是对的，就努力去做，不要太在意别人的看法与评价。

当然，这并不是让你将所有人对你的意见或者评价都充耳不闻，而是要看是否正确或者适合自己，如果有的人说得有道理，有助于提高自己，那么你就应该欣然接受，这可以让你改善自己，完善自己，让自己变得更加有魅力。如果有的人对你的看法并不符合事实或者不适合你，甚至有些出言不逊，那么你也大可不必放在心里。只要自己心中有一把尺子，对自己有一个正确的评价，就不会被别人的话所影响了。

所以说不要太在意别人的想法，给自己施加太多不必要的压力。一个人不可能做到让所有的人都满意，很多时候只要做好自己就行了！

第五章　花样年华，灰姑娘如何变为俏公主

爱美是女孩的天性，到了青春期以后，女孩随着生理、心理的急剧变化，尤其是自我意识觉醒，她们开始对自己的外在形象变得敏感起来。很多女孩为了让别人更加关注自己，凸显自己的女性美，开始大胆尝试一些成年女性的装饰，如打耳洞、节食、束腰、穿紧身衣、追求名牌等，显示自己已经是一个成熟的女人了。但是她们不明白，这些装扮并不适合她们，甚至还会对她们的健康产生不良影响。这时我们要告诉孩子，不管是追求个性，还是追赶潮流，只有符合自己年龄段的装束才是最美的。“清水出芙蓉，天然去雕饰”，青春期的女孩，不要让那些成人的盛装艳服湮没了自己青春的光彩，这时的你们自然健康才是最漂亮的！

不是每个女孩都适合扎耳洞

最近，我们班女生开始流行扎耳洞，已经有好几个女生都戴上了亮闪闪的耳钉或耳环，看起来真的很漂亮。

爱美的小丽也禁不住诱惑，周末的时候，背着家人偷偷扎了耳洞。周一上学时，小丽还特别神气地让我们看她耳朵上的红色花朵形状的耳钉。

我和乐乐异口同声地问："扎耳洞的时候疼不疼？"

"不是很疼，就像耳垂被夹了一下而已，扎耳洞的过程非常快，只听'啪'的一声就 OK 了。"

乐乐吐吐舌头说："真的不疼吗？我怎么想想就觉得疼呢？"小丽看着我俩，摇摇头说："一看你们两个就没有为了美而献身的潜质。"

我俩点点头说："真的不能跟你比，我俩都怕疼。"

说实话，要说不动心是假的，看着小丽耳垂上明晃晃的耳钉，真的有想一扎了之的冲动，不过我从小就怕打针，一想到用耳钉穿透自己的耳朵，我就望而却步了。

小丽还没高兴几天，耳洞就发炎了，这让她痛苦不堪，还要定期用红霉素软膏或者酒精清洗自己的耳洞和耳钉，更是麻烦。除此之外，为了避免耳钉和皮肤粘连，每天还必须转动耳钉，看着小丽转动耳钉时龇牙咧嘴的样子，我和乐乐立刻就打消了扎耳洞的念头。看来为了美真的要付出代价啊。

很多女孩到了青春期开始注意自己的形象，学着像成年人一样打扮自己。那些美丽的耳坠对你们自然有着无限的诱惑，所以现在很多在校的女生都喜欢扎耳洞，而且扎的耳洞还越来越多。你们在一起也可能会经常议论“谁的耳钉更好看”“现在流行扎几个耳洞”之类的话题。

爱美之心人皆有之，但是需要告诉你的是，并不是每个女孩都适合扎耳洞。因为耳朵是人体比较敏感的部位，具有疤痕体质、敏感肤质和血小板含量低的人都不适合扎耳洞，否则容易引起发炎、出现瘢痕甚至形成“菜花耳”或者不易止血的情况。由于月经期易受感染，所以也不适合在这段时间扎耳洞。

如果非要扎耳洞的话，要到卫生条件比较好的地方，让专业的技师来进行操作。一般最好在春天和秋天的季节扎耳洞，天气刚好不冷不热，有助于耳朵的修复。由于耳部非常敏感，而且穴位也很多，所以不适合扎太多的耳洞。耳钉最好使用防过敏的，比如塑料的、银质的。在打完耳洞后需要精细护理，七天内都不要让耳朵沾水，避免让耳朵在睡觉和洗脸时受到挤压，并要保持耳朵干燥和通风。为了避免耳针与皮肤粘连，还要每日轻轻扭转一下耳钉。耳洞要经常用酒精消毒，不要随意用不干净的手去摸自己的耳洞或频繁地改变耳钉，耳钉的针托也不要扣得太紧，避免引起耳部的肿胀。要等伤口愈合后再更换耳钉，防止伤口在没有愈合的情况下造成二次感染。一般来说，一个月左右的时间伤口才能愈合，而耳洞真正长好，大概需要一年时间。如果在这段时间内出现瘙痒，要记得经常用消毒药水清洗。

如果耳洞出现发炎的情况，可以用红霉素药膏和医用酒精对耳洞、耳钉进行清理。如果耳洞发炎的情况比较严重，就需要及时去医院解决。

总之，妈妈认为，一个女孩心灵美才是最重要的，不要太过于在乎外表，只要保持衣着的整洁和干净就可以。你们花一样的年纪，怎么看都是漂亮的，所以女孩儿打耳洞千万要慎重。

如何摆脱雀斑的烦恼

体育课跑完步后，我和小丽去洗手间洗了洗脸上的汗，擦完脸后一照镜子我突然大叫一声，小丽连忙跑过来看出了什么事："怎么啦！晓雪！"

我愁眉苦脸地说："你看，我脸上怎么长了这么多小雀斑呀！以前脸上可从来没有。"

小丽凑过来看了看我的脸说:"真的，你脸上怎么长了雀斑，不过还好，不是很多啦！"

"你说我怎么这么命苦，总是祸不单行，脸上的青春痘好不容易才治好了，现在竟然又出现了讨厌的雀斑！"

"好了好了，不用烦，其实我觉得脸上有雀斑的女孩挺可爱的！你看很多外国童星脸上都有雀斑的，譬如说《阳光小美女》中的小女孩奥莉芙、《哈利·波特》中的罗恩，还有《小飞侠彼得·潘》中三姐弟脸上都有小雀斑，但是他们的样子却真的很可爱。"小丽一脸真诚地说。

"可是，我还是希望自己脸上没有雀斑。你说雀斑能治好吗？"

"这个我也不知道，那你只能去问问医生了。"小丽摇摇头说。

看来只有回家问问妈妈了。一回家，连鞋子也没顾上换，我就跑到妈妈的身边问:"妈妈，我的脸上长了很多小雀斑，您说还能治好让它消失吗？"

妈妈看后摸摸我的头说："别担心，妈妈会告诉你一些方法，让你的小雀斑慢慢变淡。妈妈年轻的时候也和你一样，长了很多小雀斑，你看现在妈妈脸上是不是基本上看不到了？"

我仔细看了看妈妈的脸上，不仔细看，还真的发现不了那些淡淡的雀斑痕迹。我兴奋地说："妈妈，那您现在赶快告诉我怎么办。"

"别着急，等妈妈做完饭了再告诉你。"

"好吧！"我点头说。不管怎么说，看来我战胜雀斑有希望了。

看来我的宝贝女儿又开始为脸上的雀斑烦恼了，不过别担心，妈妈会告诉你一些日常护理的方法让你的雀斑变少变淡的。

雀斑一般会在 7 ～ 8 岁时出现，有的则是在青春期出现，你就是在青春期脸上才出现雀斑的，雀斑主要是由遗传造成的。很抱歉，晓雪，你脸上的雀斑估计遗传了妈妈的基因。由于是遗传基因造成的，所以雀斑是无法根治的，只能采取一些方法让雀斑淡化，避免雀斑加重。

一般来说，脸上的雀斑夏季会比冬季更加明显，颜色会更深，因为日晒是加重雀斑的一个重要因素，所以在夏季外出时，一定要避免阳光暴晒，注意遮阳和使用防晒霜。在平时可以多吃一些富含维生素 C 和维生素 E 的蔬菜、水果，比如西红柿、胡萝卜、黄瓜、柠檬、红枣等食物都有很好的美白皮肤、消除雀斑的功效。还可以用茄子皮、香蕉敷脸，每周做一两次，长期坚持下去，脸上的雀斑就会变得不那么明显。

由于雀斑并不能得到根治，药物和一些雀斑产品的副作用很大，所以没必要进行药物方面的治疗。规律的作息、充足的睡眠、良好的心情也是防止皮肤变差、雀斑加重的重要因素。

女儿，对于脸上的雀斑，你不必难过。其实每个人对于雀斑的观点都是不同的，很多人都认为小雀斑会让女孩显得活泼可爱，亲切自然。在欧美国家，人们还经常把雀斑看成女性美丽的一个标志呢！西方国家的很多孩子，脸上虽然长满了小雀斑，但是他们并不在意，他们更关注的是自己的内心世界，而并非表象。你要知道，一个人即使长得再漂亮，但是她的心肠恶毒，相信也不会有人喜欢的。妈妈希望你能明白这个道理。

减肥要科学，不能使狠招

前几天，丹丹笑话我有了小肚子了！我自己偷偷看了一下，还真是肉嘟嘟的，相比之下，丹丹的小蛮腰真的是一点赘肉都没有，真是让我羡慕呀！回到家称了下体重，一看，吓了一跳，我已经从40 公斤长到50 公斤了！这太让我郁闷了。照镜子看看，脸蛋也有些圆圆的，虽然爸爸说这样看起来很可爱，可是我一点都不喜欢。现在都流行骨感美，我们班的女生一个比一个瘦。而且在我看来，瘦人穿什么衣服都很好看。我怎么能胖嘟嘟的呢？所以我决定减肥。

从这周开始，我就把米饭、零食全都戒掉了，每天吃饭时，只吃少量的蔬菜。晚饭能不吃就不吃，要吃也只是吃一个苹果或者一根香蕉。只要坚持下去，我相信自己一定能够减肥成功的。

可是，没过几天，我就发现自己头晕眼花，上课时注意力也不能集中，总感觉很累，难道这是减肥引起的吗？吃晚饭时，我又一如既往地打算只吃一点儿就混过去，妈妈这时说话了："晓雪，最近每顿饭都吃这么少，是不是身体不舒服了？”

我急忙回答说：“没有！”

“那你不吃饭吗？”妈妈不放心地继续追问。

我吞吞吐吐地回答说：“那，那是因为，因为我觉得自己长得太胖了，想减肥，所以才吃这么少的。”

妈妈说：“傻孩子，你这身材很标准，哪胖了？正在长身体的时候可不能乱减肥，否则减坏了身体就得不偿失了，而且青春期的孩子都会稍微有些发胖。像你现在这种依靠过度节食来减肥的话，只会把身体搞坏的。身体的胖瘦虽然和食物有一定的关系，但不是绝对的，而且你只要每天不过量地吃一些容易发胖的食物，保证营养的均衡，正常吃饭，身体是不会发胖的。如果身体确实是胖了，要想减肥，也要用科学的方法，在保证健康饮食的前提下，进行体育锻炼，才是最好的减肥方法。这样吧，从明天开始，我们每天早上都去公园跑步怎么样？”

“好哇！明天早上就开始锻炼！”我说。

亲爱的女儿，妈妈知道爱美是女孩的天性。你现在已经长大了，开始关注自己的身材，想让自己更加苗条，所以才不管自己到底胖不胖就开始偷偷减肥。殊不知，不当的减肥会对女孩的身体健康产生极大的危害。因为，对于青春期的女孩儿来说，这时候的身体正处于生长发育期，正是需要丰富营养的时候，要想维持女性正常内分泌功能和生长发育的需要，必须要满足各种营养物质的供应。现在很多女孩在减肥时，急于求成，拒绝吃饭，致使自己长期营养不足。根据医学研究，这不仅会导致女孩儿闭经、子宫萎缩、生长发育缓慢，而且还会引起视力下降、脱发、记忆力减退等，极大地危害女孩身体的健康。

前几天，妈妈从报纸上看到一个初中女生因为盲目节食减肥导致绝经，子宫也因为过度减肥而萎缩，差点让自己失去了做母亲的能力，最后到医院做了很长时间的治疗，才让身体恢复正常，如果再晚一点可能就没机会了。所以，女孩在青春期千万不要盲目减肥。如果不是特别胖，青春期女孩根本没有减肥的必要，即使肥胖，也要依靠运动和科学饮食，控制高脂肪、高热量食物的摄入来进行减肥，而不是依靠盲目节食或者服用减肥产品。

那么怎样才能知道自己是否肥胖呢？妈妈在这里告诉你一个国际通用的体重计算的公式：BMI= 体重（公斤）除以身高（米）的平方。计算出的结果在 18.5 ～ 24 之间都属于正常标准范围，如果计算的结果低于 18.5，就说明你的体重偏瘦，如果高于 24 的话，就说明超重了，这时才需要减肥。

要想减肥，必须要保证身体的健康。医学专家认为，要想科学地减肥，首先要减少热量的摄入，少吃一些垃圾食品，比如油炸类食品、碳酸饮料、方便面、膨化食品、蜜饯果脯、冰激凌、雪糕等。多吃一些谷类、豆类、蔬菜、水果、肉、蛋、奶、鱼类品。遵守早吃好、午吃饱、晚吃少的原则，合理搭配一日三餐。

除此之外，你还要注意睡觉前尽量不要吃东西，吃完饭后也不要立马就躺在床上或者窝在沙发里，最好能站半个小时，以免脂肪堆积在小肚子上。每天要进行 1 ～ 2 个小时的运动，如慢跑、跳绳、爬山、爬楼梯、快步走、游泳、球类等运动，来消化体内堆积的脂肪，提高我们身体的新陈代谢率。只要照着妈妈的方法去做，你一定能够保持苗条漂亮的身材。

总之，健康减肥是一个长期的过程，最关键的就是要做到持之以恒。只有长期坚持下去，才能保证最佳的效果。

妈妈要再次提醒你的是，不要过度地把注意力放在自己的外表上，作为女孩儿，青春活泼的健康形象要比漂亮的身材更惹人喜欢。

高跟鞋，现在不是穿它的时候

在老妈的指点和帮助下，我改掉了偏食、不好好吃饭的坏毛病，比以前又长高了不少，可是在班里个头仍然只是中下水平，比其他女同学还是矮了不少。最让我郁闷的是，乐乐比我高半头还不算，年龄比我小，却经常开玩笑叫我妹妹，让我这个比她早出生两个月的姐姐颜面何存。

不过小丽倒是给我想了一个迅速长高的好办法，那就是穿高跟鞋。想想也是，电视里那些美女明星们都穿着高跟鞋，显得个子又高又苗条。周末我就和小丽去逛街，用我攒下来的零花钱买了一双高跟鞋。鞋跟又细又高，刚开始穿的时候还有些不适应，站不稳，但是果真个头高了许多。

第二天，我就高高兴兴地穿着高跟鞋去上学了。来到学校，我偷偷站在乐乐身旁一比，哈哈，现在个子已经跟她差不多高了！当时我那叫一个高兴，马上拍拍乐乐，把手搭在她的肩膀上。乐乐扭头，一看是我，说："你吓了我一跳。"看着我轻松地搂上她的肩膀，她吃惊地说："你什么时候变得这么高了？"

我逗乐乐说："你知道吗？我是吃了神仙给的灵丹妙药，今天起床后就变这么高了。"乐乐眨眨眼睛，根本不信我的话，从上到下好好打量了我一遍，终于发现了真相，原来我穿高跟鞋了。

穿上高跟鞋，虽然表面上很风光，可是我的脚却受苦了，一天下来，脚丫子又疼又累，看来美是要付出代价的。

我回到家中，赶紧把高跟鞋脱下来，换上拖鞋，跑到厨房问正做饭的妈妈:“妈妈,为什么看着别人穿高跟鞋那么轻松自在,我的脚却这么疼呀?”

我的宝贝女儿，很多女孩和你一样，看到电视里的明星或者一些职业女性穿上高跟鞋后，身体会随着脚跟的增高，体态也变得更加优美，所以很多女孩都在身体还没发育好时就穿上了高跟鞋。这对你们身体的成长是极为不利的。

当你穿上高跟鞋时，身体大部分的体重都需要前脚掌来支撑，压力会集中在脚趾上，时间一长，就会出现脚痛的问题。如果长期穿高跟鞋的话，还会导致足部的肌肉无力，甚至会形成扁平足。而且高跟鞋的鞋头一般都比较尖，脚趾受到鞋尖的挤压，很容易形成脚趾外翻畸形等一系列足部疾病。

穿高跟鞋时，身体重心会向前倾，为了保持平衡，腹部和臀部会随之收紧，腰椎会过度持续地后仰，时间一长，腰部很容易发生劳损，引起腰疼，最终对脊柱可能会造成不可逆转的损害，引起急慢性腰痛疾病，那时就会很难治愈的。而且在穿着高跟鞋行走时，由于膝关节受力增加，身体受力不均，脚部不容易保持平衡，很容易产生踝关节扭伤和膝关节疾病。

青春期的女孩，足骨还正在发育中，如果过早地穿上高跟鞋，很容易让足骨在发育过程中形成畸形。而且女性的骨盆一般到了 25 岁左右才能定型，穿上高跟鞋的话，会加重未定型骨盆的负担，容易造成骨盆口狭窄，甚至会影响到以后的分娩。

因此，青春期的女孩千万不要为了美丽而穿高跟鞋。鞋子的舒适性对女性的健康来说是十分重要的。平时鞋跟高度不要超过 3 厘米，最好穿坡跟鞋或者运动休闲鞋。所以，现在赶快把脚上的高跟鞋脱掉，换上舒适的平底鞋吧！

把染发的危害说给你听

今天我一到教室，就被莉亚那一头酒红色的头发给吸引住了。酒红色的头发配上她那张粉嫩白皙的脸，真的很漂亮。莉亚可是我们班上有名的时尚达人，很会打扮自己，最喜欢追赶时尚潮流，很多新潮的打扮都能在她身上看到，她甚至在我们全校都小有名气。

下课后，乐乐不禁对莉亚的头发评价道："莉亚染的头发真漂亮！"

"是呀，简直太酷了，要不咱们什么时候也去染头发吧！"小丽一脸向往的样子。

"好看是好看，不过这个颜色并不一定适合我们呀！"我说。"谁说我们要跟她染一样的颜色，我们不会染其他颜色吗？"小丽一副蠢蠢欲动的样子，"这样吧，咱们三个周末就去理发店把头发染了吧！"

"那你们说，学校会同意我们染头发吗？"乐乐有些担心。

小丽拍拍乐乐的肩膀说："怕什么，莉亚染了头发，老师也没说些什么嘛！"

我虽然也有些心动，但还是打算回家跟妈妈商量一下，毕竟妈妈还是挺开明，应该会同意的。

结果，我还没有来得及告诉妈妈，学校就宣布规定，不允许学生染头发。而我们班的莉亚也被学校责令在一周之内把头发染成黑色。乐乐下课后得意地对我和小丽说：“你们看，还是我猜得对吧！学校怎么会同意我们中学生染头发呢！幸好我们还没去染发，否则还得再染回来，多浪费钱呀！”

“都是你这个乌鸦嘴，被你说中了。算了，只能这样了！”小丽郁闷的同时忍不住埋怨乐乐。

“我才不是乌鸦嘴，只不过是我有先见之明而已，用脚指头想想都知道学校不可能让我们染头发。”乐乐反驳说。

“好了，好了，你们不要吵了，这件事就到此为止好了。”我急忙打断她们，否则她俩肯定又要吵起来了。就这样，我们的染发计划还没实施就泡汤了。

女儿，妈妈知道现在很多青春期的少男少女为了彰显自己的个性，喜欢随着心情或者配合服饰来改变自己头发的颜色，不过他们却不知道，频繁地染发不仅会损害头发，而且会影响到身体的健康。

染发虽然可以让人看起来比较时尚，但是它对人体的危害性也很大。染发原理是通过化学物质，把头发的毛鳞片打开，破坏毛发中原有的蛋白质和氨基酸，通过氧化让天然的色素变迁，让人工色素进入到头发的皮质层，从而让头发显示出所染人工色素的颜色。所以它对我们头发的损伤是在所难免的，会使染后的头发变得干枯，失去光泽和弹性。

除此之外，染发剂对身体有着更大的危害。根据专家研究表明，染发剂对人体主要有三大危害，即过敏、致癌、损伤肝脏。因为染发用的基本上都是化学染发剂，在染发时化学试剂会接触到人的头皮，部分人会对这些化学成分产生过敏反应，而且染发剂还可能会引起接触性皮炎。妈妈所在的医院就经常会遇到一些因为染发引起的过敏症病人。

染发剂中含有苯二胺这种化学成分，它是国际上公认的致癌物质之一，根据国外的研究发现，经常染发的人，患皮肤癌、白血病、膀胱癌的概率会大大增加。而且染发剂中的一些有害化学成分还会随着头皮毛囊进入到我们的身体里，会对主管我们人体清洁和代谢功能的肝肾造成很大的损害。

妈妈觉得自然美才是最好、最健康的，千万不要为了一时的美丽而失去自己的健康，你说呢？

拒绝整容，自然美才是真的美

周末写完作业，我们三个死党又聚在一起看电视剧，看着韩剧中的美女演员，小丽感叹道：“她们长得可真漂亮，我要是能长成这样，那该多好呀！”

乐乐听了笑着说：“你不知道吗？韩国明星好多都是整容整出来的。你要是整容，也能整得跟她们一样漂亮。”

“乐乐，你这个提议不错，等我以后有钱了一定会把自己整得漂漂亮亮的，把我的鼻子垫得高高的，脸也削得尖尖的。”小丽托着腮帮想了一会儿说，“我的眼睛够大，所以不用整了。”

“你还是算了吧，到时候我们都认不出你来了，怎么办？”乐乐开玩笑。

“没关系，我认识你们不就行了。你们知道吗？现在还是长得漂亮的人在社会上更容易成功。”小丽说。

我问 :“小丽，你真想长大以后整容呀? ”

“那当然，谁不想让自己变漂亮呀! ”小丽一副一定要整容的样子。

“我觉得还是自然美最重要了，总感觉整完容后像戴着张假面具，多别扭呀。”乐乐还是有些不同意小丽的观点。

“臭乐乐,你怎么总喜欢跟我作对呀! ”说着两个人又在一起打闹起来。

说实话，我也想去整容，对于我的小眼睛，我已经不满很久了，多希望自己有一天也能像电视里明星一样有一双漂亮的大眼睛，那时候我是不是也能变成一个小美女啦? 今晚就跟妈妈商量商量，告诉她我也要整容。

亲爱的女儿，听到你跟我说要整容，让我大吃一惊，不过还是很高兴你能信任妈妈，告诉妈妈你的想法。

妈妈觉得整容虽然能够改变人的形象，会让你变得更漂亮，但是你把对未来的美好愿望寄托在美丽的面容上，这种想法显然太幼稚了。长得好看可能让你获得更多关注，但是不一定会让你获得好的发展和成功。你想想看，并不是所有的成功人士都长得很漂亮，他们中的大部分都是依靠自己的努力获得成功的。

一个人如果过度关注自己的外表形象，很容易忽略自己内在素质的提高，造成舍本逐末。你们现在的身心还处于青春期的发育阶段，对于很多事情还没有形成一个成熟的看法，对美的认识角度会随着年龄的增长不断发生变化，而且身体还未完全发育成熟，所以青少年是不适宜进行整容的。

媒体曾经报道过，在近 10 年内，由于整容而毁了 20 万张脸，这个庞大的数字实在让人触目惊心。这是因为一大部分女孩并不适合整容，整容后反而破坏了原来脸部的自然和谐，出现了越整越丑的尴尬局面。更不要说那些由于整容失败的例子了，不要以为整容手术失败了还可以再修复，直到满意为止，大部分整容手术失败后都是很难补救的。尤其是有些女孩儿受到广告的诱惑或图便宜，到一些非正规的医院美容院去进行整容手术，后果更是难以想象的，不仅可能被毁容，甚至还可能会危及生命。

即使整容结果非常完美，但是后来也会带来后遗症和副作用，如笑容不自然、鼻子变形等问题。而且很多后遗症在十多年后才会慢慢显出，这些都是让人无法预见的。据医学专家表示，目前的科学技术水平还做不到让植入身体的替代品如隆鼻、隆胸等保持终生有效，毕竟植入身体的都是异物，很难与人体原有组织良好地相容。即使是现在，对于植入的异物能够在人体内安全保持多久都尚未有准确的答案。所以，青少年千万不要一时冲动而盲目整形。内在的气质和修养才是永远也掩盖不住的美丽。

露脐装和紧身裤不能常穿

小丽今天打扮得特别漂亮，我和乐乐都看呆了，紧身的黑色长裤勾勒出了小丽修长的双腿和微翘的臀部，再加上上身穿着短小的露脐装，让小丽本来就不错的身材显得更加完美漂亮了。

“小丽，最近要走性感路线吗？”我问。

小丽说：“这么打扮不漂亮吗？”

“漂亮呀，漂亮得让我都快认不出你来了！”不得不说小丽这么打扮起来还真的像杂志里的模特儿。

乐乐说："看你穿得这么漂亮，我也想穿上我的紧身牛仔裤。等着明天我和你来姐妹配！行吗？"

"好哇，好哇！"小丽连声赞同，"晓雪，明天你也穿上紧身裤吧，这样咱们三个才更搭配。"

"不过，我好像没有太过紧身的裤子！"我不好意思地说。

"这还不简单，买一条不就得了。"小丽说。

一回到家，我就缠着妈妈让她给我买紧身裤。妈妈说："今天怎么突然想起要穿紧身裤了，你裤子不是挺多的嘛？"

"今天小丽穿了一条紧身裤，再配上她的露脐装，真的很漂亮的，所以我也想穿。"

"你们这么小的女孩儿，正是长身体的时候，不适合穿紧身裤和露脐装的。"看来妈妈并不同意。

"可是，我觉得很漂亮，真的很想穿。"我依然坚持。

"那你就不怕生病、肚子疼啦？"妈妈继续教育我说，"你忘了妈妈以前跟你说的话了吗？紧身裤为大量厌氧菌产生提供了滋生环境，很容易引发阴道炎。露脐装则容易使我们的腰部和肚脐部位受凉，导致肠胃不适。"

"好了，我知道了！妈妈您真唠叨！"我有些不耐烦了，谁让妈妈又让我这颗爱美的心受伤了。

看来，我这次的爱美计划又一次泡汤了，等明天我一定要告诉小丽和乐乐，让她们也别再穿了，我这可是为她们好呀！对，就这么办。

女儿，妈妈知道现在很多女性不管冬天还是夏天都喜欢穿紧身裤和裤袜，因为这样穿能够衬托出自己的身体曲线，让双腿显得更加修长，很漂

亮也很时尚。但是在美丽的背后又有多少女孩儿忽视了它们对自己身体健康的影响呢？

从表面上看，女孩子穿紧身裤并没有什么问题，但实际上却并不是这样的。一方面，紧身裤不利于青春期女孩身体的发育。另一方面，人体中的各种细菌本来处于一种相对平衡的状态，但是由于紧身裤对身体每天长达十几个小时包裹，而且女孩儿又活泼好动容易出汗，使阴部的潮气很难散出。而长期封闭、潮湿的环境下，很容易造成厌氧菌的大量繁殖，导致身体的细菌比例失调，造成阴部炎症和尿路感染的产生，会给我们带来很多不必要的痛苦和麻烦。

中医认为肚脐是人体的一个重要穴位，它具有向人体全身输送气血的功能，有着人体五脏六腑之本、元气之根的说法。所以肚脐也是最怕着凉的，是最应该受到呵护的部位。

女孩儿经常穿露脐装的话很容易让腰腹部受凉，引起肠胃功能紊乱，而产生各种肠胃疾病，如腹泻、呕吐、腹部疼痛等。尤其在经期的女孩儿，如果穿露脐装的话，风寒的侵入会引起痛经。长此下去甚至还会导致月经不调、经期延迟等状况的出现。

所以，女孩儿在选择衣物的时候一定要注意，不要为了一时漂亮而失去自己的健康。

不需要名牌，也一样漂亮

“哇！真漂亮！”我一进家门，就看到妈妈刚给我买的新衣服。那是一件白色的雪纺裙子，衣身还点缀了几个精致的同样颜色的小蝴蝶，穿在身上，简直像小公主。

我高兴地跑到妈妈身边，使劲亲了妈妈一口：“这件裙子真漂亮！我太喜欢了，谢谢妈妈！”

“喜欢就好，我还怕你不喜欢呢！”妈妈笑着说。

第二天，我就高高兴兴地穿上妈妈刚买的这条新裙子去上学了。“晓雪，今天的衣服可真漂亮呀！”乐乐一看见我，就夸我的裙子好看。

“昨天我妈刚给我买的，怎么样，还不错吧！”我得意地说。

“这条裙子是什么牌子的？”小丽也凑过来问。

正好，我们班的时尚达人莉亚和她的好友小雨也走过来，而碰巧今天莉亚也穿了一件白色的雪纺裙。

“莉亚，你的衣服是什么牌子的，好漂亮啊！”小雨说。

“ONLY 的。小雨，你穿的是淑女屋的吧？”莉亚看了看小雨的上衣说。

“哇！你真厉害，一看就知道我的是什么牌子的，果真不愧是咱们班的时尚达人。”小雨一脸崇拜的眼光看着莉亚。

“晓雪，你的衣服是什么品牌的？”莉亚走到我身边问。

“这个嘛，我的衣服不是名牌的。”我有些不好意思地说。

“怪不得和名牌一比，立马就感觉不上档次。”小雨打量了我两眼，一副瞧不起的样子。

这个臭小雨，我心里埋怨着，本来今天挺高兴的，让她的一句话就搅得我心烦意乱了。不过我也觉得，穿品牌的服装确实比较有面子，正在我胡思乱想时，乐乐安慰我说:“别理她们，我觉得衣服穿着舒服好看就行了，管它什么牌子不牌子的。”

“乐乐你算说错了，品牌给人的感觉就是不一样嘛！多有面子呀！”小丽打断乐乐的话说，“可惜我妈总嫌品牌衣服太贵，很少给我买，就连上次我穿的耐克鞋还是磨了我老妈半天才买的。等以后我要是有了钱，一定要全身都穿名牌，这才叫有品位、有追求的生活呢！”小丽一脸憧憬地说。

乐乐吐吐舌头说：“拜金女，把我们中华民族传统的艰苦朴素的美德全忘了。唉！攀比心理害死人呀！”

我说呢，今天早上你挺高兴地去上学，放学回家后就蔫了，说什么不想再穿那条裙子了。原来是这个原因呀！

妈妈也看过一些媒体的报道，说现在很多中学生喜欢穿名牌，喜欢攀比，你知道吗，这其实是虚荣心在作祟，你们看中的其实并不是品牌的质量而是面子。造成这种风气的原因，一方面是因为广告媒体的大肆宣传；另一方面是因为现在很多家长都过分溺爱孩子，不管你们要求合不合理都会一味满足。殊不知，这样做反而会害了你们，让你们只知道花钱容易却不知道父母挣钱的艰难。盲目地攀比只会让你们的虚荣心不断地膨胀，最终养成消费无度的习惯，这也会让你们养成好吃懒做的性格，这些对你们成长都是极为不利的。所以，女孩子不要仅仅为了自己那点虚荣心而“打肿脸充胖子”。其实什么东西不是越贵越好，只要适合自己的才是好的。晓雪，就像你的雪纺裙子，只要自己穿得舒服、漂亮，不是品牌又有什么关系呢？

你知道吗，美国家喻户晓的洛克菲勒家族，其家族的财富在世界上都享有盛名，但是他们却并没有让孩子无度地挥霍，而是限制他们的花费，只给孩子们少量的零花钱，让他们从小养成节俭的好习惯，甚至要靠做家务来挣零花钱，弟弟甚至还要穿姐姐剩下的旧衣服。正是在洛克菲勒严格的教育下，才使得洛克菲勒的后代们，在面对亿万财产时也能够保持清醒的头脑，即使经历了 6 代，仍然保持家族事业的长盛不衰。看到这些，你们是不是感到有些惭愧？等你们长大工作后，也就知道父母养家的辛苦和不易了。

所以，妈妈希望你们能树立起正确的消费观，努力克服自己的攀比心和虚荣心，养成节约的好习惯，不乱花钱，学会记账，把自己零花钱的每一笔支出用途都写清楚，然后每周自己检查一下，看看哪些消费合理、哪些不合理，学会好好利用自己手中的每一分钱，长大后你就自然会发现养成节约习惯的好处和妙处了。晓雪，你要记住，知识和头脑远比财富更重要，因为它们才是任何人也拿不走的，是永远属于你的宝贵财富。

第六章 情窦初开，对早恋说“不”

青春期的女孩正处在人生的花季，随着自身性意识的觉醒，她们开始对异性产生好感。这时她们往往会困惑，这种好感到底是友情还是爱情？正是由于她们对于爱情和友情不能区分及正确的理解，如果再加上家长没有适当的引导和教育，她们很容易把对异性的好感误以为是爱情，从而萌发了恋爱的念头。这时需要有家长站出来，告诉她们什么是友情，什么是爱情，让她们学会如何正确地与异性交往和互动，同时也要让她们学会拒绝不良的诱惑，对她们的成长进行扶持，而不是一味地禁止和责备。这样才能让她们更顺利地度过情窦初开的年纪。

究竟，什么是真正的爱

“晓雪，这道英语题怎么做，你能告诉我吗？”我抬头一看，是我们班的体育课代表海峰。海峰可是我们学校有名的帅哥，学习成绩虽然一般，但是篮球打得相当好，很多女生都偷偷给他起外号叫他“流川枫”。

我心里还挺奇怪，他怎么突然找我问问题呢？还好英语是我的强项，三下五除二就帮海峰解决了那个问题。就这样，海峰在英语上一有难题就跑来问我，晚上遇到不会的作业也会打电话问我，有时我们说完作业后也会聊聊天。经过对海峰的慢慢了解，我才发现原来他并不是我想象中那样只是长得帅气，在学习上却一窍不通。他只不过是英语比较差而已，其他科目都还不错，而且数学比我学得还要好，有时他还会给我讲解数学题呢！对于一些科普读物，如自然、地理、科技之类课外读物的知识量和阅读量更是远远超过了我，看来我真是小看人家了。

后来，我们成了很好的朋友，有时周末我们还会一起写作业，一起去打羽毛球，一起散步聊天，两个人在一起感觉真的很快乐！我心里偷偷想：“我是不是有点喜欢他了？”

一天放学，才出校门没多久，海峰突然追过来说：“晓雪你等等，我有话跟你说！”

“什么事呀？”我问。

海峰突然拉住我的手说：“晓雪，我喜欢你！你能做我的女朋友吗？”我有些手足无措，想把我的手抽回来，可是抽了好几次都没能抽回来。我红着脸说：“你别胡说了，再这样说，我不理你了。”

“晓雪，我真的很喜欢你，我觉得和你在一起我很快乐！而且我觉得你长得也很可爱！”海峰还想继续说下去，可是我当时真的是不好意思，挣开他的手，害羞地跑掉了。

我回到家里，心怦怦地还在跳个不停，躺在床上，回想起当时海峰拉我的手时，真的好温暖，原来和男孩子拉手是这样的——有一种触电心动的感觉，感觉真的很美好啊！我在想：这是不是爱呀？

女儿，你们两个之间其实并不是真正的爱，而是互相有好感。处于青春期阶段的男生和女生，随着生理发育和社会环境的影响，会对异性产生好感，这是一种正常的生理和心理现象。其实这并没什么，说明我们的女儿长大了。

妈妈偷偷地告诉你，妈妈像你这么大的时候也曾经喜欢上班里的一个男生，当时那个男生对妈妈也很有好感，但是妈妈当时觉得自己还小，思想还不成熟，便理智地拒绝了那个男生想要交往的要求，而是一直把他当做同学来看待，直到后来妈妈在读大学时遇到你爸爸，才知道什么是真止的爱，庆幸当初作出的决定是多么正确。难道你不觉妈妈现在生活得很幸福吗？

你们现在还很年轻，由于年龄和阅历的限制，很多事情还搞不清楚，你们还不清楚什么是欣赏、什么是喜欢、什么是爱，有时仅仅只是你们两个之间合得来而已。在这个时候，你们的情感比较缺乏稳定性，也并不成熟。所以现在还不是谈恋爱的年纪。妈妈觉得把这份朦胧的感情珍藏在心中，继续做好同学、好朋友，互相激励好好学习。如果到了大学甚至以后，你们依然互相有好感，到那时候再恋爱也不晚，你觉得呢？

为什么女孩儿都喜欢追星

今天课间，乐乐特别激动地跑过来说："晓雪，你知道吗？韩庚要来咱们这里开演唱会了！"

"真的？那太好了，我最喜欢的明星就是他了，我一定要去看，你去吗？"我高兴地说。

"那当然了，你别忘了我还是咱们这里粉丝团的一个小负责人呢！我们现在就要开始做海报了。"乐乐得意地说。

小丽这时看了我们两眼："我说你们两个小粉丝别高兴得太早了，你们有钱买门票吗？向父母要的话，他们会答应吗？"听小丽这么一说，我的心顿时凉下来半截，我怎么忘了关键的问题，天知道我的父母会不会同意呢！我正在郁闷的时候，就听到乐乐说："我当然有钱去了，别忘了我的压岁钱还一直没用呢！根本不用向父母要的，呵呵！"

我想：完了，我的压岁钱早已经被妈妈替我保管起来了，看来我还得硬着头皮向老妈要了。

吃完晚饭，我讨好地对妈妈说："妈妈您累了吧，我帮您捶捶肩吧！"

妈妈说："一定有什么事找我吧，说吧，不用给我献殷勤了！"我嘿嘿一笑，说："知女者莫过老妈也，妈妈我想去看韩庚的演唱会。您知道我特别喜欢他的，好不容易他来这里一次，您就让我去吧！"妈妈听了我的话，想了一会儿，说："你能告诉妈妈你为什么喜欢他吗？"

"韩庚不仅人长得帅、舞跳得棒，而且心地还特别善良，不光自己参加各种慈善活动，而且号召我们参加。人也非常努力，有一次胳膊都骨折了，还继续练习跳舞呢！身上不带一分钱就敢独身一人去韩国奋斗，而且还特别孝顺父母……”一提起我最喜欢的偶像，我就开始滔滔不绝。

妈妈说：“好，好，我知道了，但是妈妈希望你不要光看到明星在舞台上的光彩照人，要知道他们在台下也十分努力和辛苦，你要知道‘台上一分钟，台下十年功’。”

“我知道的，任何人成功都不是那么容易的。您放心，我分得清学习和追星哪个更重要，所以不会疯狂追星的，只不过这次好不容易有一次机会，妈妈您就让我去吧！”看着妈妈有松动的意思，我赶紧向妈妈保证。

“这场演唱会呢，妈妈就同意你去了。不过你要知道父母挣钱也是不容易的，所以从今天开始你必须靠做一些家务扣去一部分零用钱来赚取门票。而且妈妈还要看你以后在学习上的表现，如果影响了学习，下次再遇到这样的活动你可就休想再去了。”

“好啦，好啦！妈妈您放心，我知道了！您就等着看我的表现吧！”

晓雪，妈妈并不反对你追星，只是希望你能理智地追星。经过和你的交谈，妈妈发现你在追星这件事情上还是比较理智的，所以就放心了。因为近年来，妈妈看到有一部分孩子盲目追星，把大量的时间、精力、金钱都用来追星，结果不仅荒废了学业，有的甚至为此和父母翻脸，连亲情都不要了。所以妈妈希望你能明白，中学生追星要有一个“度”，一旦超过了这个“度”，就弊大于利了。

女孩儿为什么喜欢追星呢？是因为你们的知识和经验尚不完善，很容易被明星炫目的光辉所迷惑。其实，事实上并不是这样的，明星也和普通人一样，演艺只是一种职业，只不过这份职业更受大众关注而已。再加上他们靓丽帅气的形象和很高的出镜率，离我们的生活比较远，所以便被染上了神秘的色彩。那些常常与明星零距离接触的人，如娱乐圈的工作人员、记者、明星的亲友，他们对明星肯定没有特殊的感觉，认为他们和我们一样都是普通人。而且你知道吗，明星的成功也是需要付出巨大努力的，很多明星都是在激烈的竞争中脱颖而出的，他们背后的艰辛只不过我们看不到而已。所以，不是只要外表长得好看就可以做明星，更需要依靠实力和机遇。你只要努力奋斗，不管在什么行业都有可能成为大众瞩目的人物。

你可以欣赏明星、赞美明星，但是不要盲目追星，不要花费过多的时间和精力在追星上，更不应该把追星当成你生活的全部，甚至因为同学之间崇拜的偶像不同而对其他同学采取排斥和敌对的态度。而是要善于从自己崇拜的偶像身上学习他们积极生活的一面，不要在追星的过程中迷失了自己。你心里要清醒地知道，作为中学生的首要任务还是要学好文化知识和提高自身的素质，这才是最重要的。

“网络爱情”真实吗

“晓雪、小丽，今天放学后去我家玩吧！我妈今晚做可乐鸡翅！”一下课乐乐就跑过来对我们说。

“好哇，等中午我告诉妈妈，晚上不回家吃饭了，看来，今天我又能吃到阿姨做的好吃的了！”我高兴地说。要知道，乐乐妈妈做饭的手艺非常好，堪比酒店里的大厨，我和小丽都很喜欢吃乐乐妈妈做的饭。

小丽说：“你们去吧，我就不去了，今天晚上还有事呢！”

乐乐说：“请你吃饭还不去，难道你有重要的约会吗？”

“反正有重要的事情啦！等下次我再去吧！”小丽说。

晚上在乐乐家吃晚饭，我便和她谈论起小丽最近反常的举动。乐乐说：“你最近有没有发现，现在小丽每天放学都很着急回家，好像有什么事情在等着她似的。”

“好像真的是这样，而且有时还看到小丽自己在一旁发呆，要不就一个人在那儿傻笑。”我点点头说。

“你说，小丽会不会恋爱了？”乐乐猜想。

“很有可能。不行，明天咱们好好问问小丽。”我说。

第二天，小丽在我和乐乐的百般追问下终于告诉了我们，原来她网恋了。她在QQ上认识了一个叫“小丑鱼”的网友，比我们大两岁，在一所高中上学。小丽说他是一个特别幽默的人，两个人之间每天都有说不完的话，因此，每天都约好时间，一起上网聊天。小丽说她已经喜欢上这个叫“小丑鱼”的网友了，如果一天在网上见不到他心里就会很难过。

乐乐说：“天啊，小丽你居然网恋了！”“我们还说这个周末要见面呢！”小丽一脸憧憬地说，“如果他是个美男子的话，我一定要嫁给他。”

“小丽，在与网友见面这件事情上，你可千万要谨慎，没看到电视新闻里报道那些被网友欺骗的案件吗？我们年纪还太小，如果遇到什么事情就麻烦了。”我提醒小丽说，“如果你非要见的话，一定要叫上家里的大人或者叫上几个男生陪你一起去，有什么问题的话还能有个照应。”

乐乐也说：“小丽，你见网友这件事上千万要小心，最好是别见，没听说现在很多网友都是‘见光死’吗？就是要去也要叫上你表哥表姐陪你一块去才行，千万不要一个人去。”

小丽想了想，说：“好吧，幸好你们提醒我，否则我还真想不到这么多！至于见网友这件事情，我好好想想再说吧！你们放心好了，我会小心的，即使去，我也会找我表哥一块去的。”

没想到你的好朋友小丽竟然网恋了。不过看你对小丽的提醒，说明你的防范意识还是不错的，这让妈妈放心不少。

说到网恋，妈妈还是想再次提醒你，作为中学生千万不要网恋，因为不管从年龄、知识还是社会经验阅历方面你们都很缺乏，很容易上当受骗。你想想，一个连面也没有见过的人，仅在网络上聊过天，对于对方真实的相貌、性格、生活、品德、家庭情况等一切统统都不知道，怎么就能确定你爱上的是真实的他，又怎么敢保证他对你的爱是真实的呢？更何况，网络作为一个复杂的交往平台，它能够在隐藏本人的真实身份和性情的情况下进行沟通和交流，很容易被坏人利用，电视上已经报道过很多利用网络进行欺骗的案件。所以在进行网络交友或者网恋时千万要小心。

很多青春期的女孩儿像小丽一样，在好奇心的驱使下和网络中的陌生人成为好朋友，毫无保留地把自己心中的烦恼和真实的情感吐露给对方，而看不清网络世界中有很多人是带着虚伪的面具在跟你交谈的。由于你们思想都比较单纯，识别谎言的能力还很差，很容易被一些坏人的甜言蜜语所迷惑，当然并不是说小丽遇上的就一定是坏人，但是却不能排除有这种可能。所以妈妈还是想提醒你，要对网络世界的虚拟性和危险性有一个充分的认识，对网络恋情要保持一个清醒理智的头脑，不要让自己陷入网恋的陷阱中去。对于你们青少年而言，即使是在现实生活中也不适合谈恋爱，更何况是虚拟的网络。

这些话不仅是对小丽说的，也是对你和乐乐说的，希望你们不管现在还是将来，都能理智对待网络交友和网恋，经过妈妈的提醒，相信你自己会作出正确的选择。

如何对待男孩子的告白

今天放学时，同桌小雅给了我一个淡蓝色的信封。我笑着说："有什么事情不能当面说，还给我写信。"

小雅说："我哪儿给你写什么信呀，有话我早就直接跟你说了。这封信可不是我写的，是另有其人，我只不过负责转交而已，回家后打开看看就知道了。"说完，小雅还对我神秘地笑了两声，就走了。这个小雅又在搞什么，弄得这么神秘。回到家后，我拆开信封一看，里面有一张浅绿色的信纸，上面写着：

晓雪：

你知道吗？我是怀着十分紧张的心情给你写的这封信。在我看来，你是我们班最漂亮、最可爱的女生，眼睛虽然不大但是却十分明亮，再配上你那长长的睫毛、弯弯的眉毛和粉嘟嘟的小嘴，笑起来真的好像一个快乐的天使。

不知道为什么，我最近一看到你，就变得特别开心。有时看见你对我笑，我的心里就像吃了蜜一样甜。你就像一颗小石子一样，荡起我心中的波澜。我知道我喜欢上了你，我希望你能答应我，做我的女朋友，好吗？

喜欢你的王海

天啊！竟然是封情书，这还是第一次有人写情书向我告白呢！这时我的脑子里一片空白，不知道怎么办才好。王海是我们班的同学，人很好，学习也不错。不过我一直把他当同学来看待，并不想做他的女朋友，该怎么办呀？我并不想伤害我们同学之间的友谊，该怎样拒绝他的告白呢？真是叫人头疼。

想了半天，我也没有想出一个好的办法，于是还是决定问问妈妈这个军师吧！

看来我的女儿又遇到了麻烦，不知道该如何对待男孩子的告白，对于你们来说这的确是个难题。

青春期的少男少女们，在心理和生理的发育过程中，很容易对异性产生向往和爱慕之情。每个人都可能会遇到告白或者被告白的经历。这个时候如果接受了男孩子的告白而成为男女朋友，由于你们心理和生理方面都还不够成熟，还不善于处理恋爱关系，很可能会沉迷于这种情意绵绵之中不能自拔，消耗了大量的精力和时间，自然就会耽误学习。如果一旦冲动偷尝了禁果，可能给你留下的将是终生的痛苦和遗憾。所以，作为中学生还不是谈恋爱的年纪。那么，女孩儿究竟该如何面对男孩子的告白，委婉地拒绝呢？

你可以给他写信或者当面拒绝，告诉对方说："我觉得你很好，篮球打得也很出色，不过现在我们还是中学生，应该以学习为主，还不适合谈恋爱，所以希望我们能成为学习上的好同学、好伙伴。""你是一个很好的学生，很高兴你能喜欢我，不过现在我们的功课都很忙，年纪也很小，并不适合在这个时候谈恋爱，我觉得大家现在做朋友更合适。"

上面都是妈妈给你想的一些委婉拒绝对方的说法，如果你想到更好的方法也可以用。总之，女孩子在面对男孩子的告白时，一定要好好跟他说清楚你的观点，摆明你的态度，不要让他误解你，让对方越陷越深。只有这样，你的学习和生活才不会因此而受到影响。

现在，你知道该如何面对男孩子的告白了吗？

正确区分友情和爱情

乐乐和小飞是邻居，是同班同学，两个人的妈妈也是好朋友，所以他们两个从小就经常在一起玩，我和小丽有时去找乐乐还和小飞一起玩过呢！不过，最近却发生了一件让乐乐十分烦恼的事情。

前几天，学校组织去春游，到了目的地后，老师把我们分成了两个小组，我和小丽分到了一组，乐乐和小飞分到了另一组，然后分别由老师带领去观察野外的植物和动物。

乐乐和小飞两个人兴奋地一起讨论着在野外看到的各种植物。等到大家要集合的时候，乐乐这个小马虎才发现自己的背包不知道丢到哪里了，这下可把乐乐给急坏了。小飞看到这种情况后赶紧安慰乐乐别着急，然后按原路返回，帮乐乐找回了书包。这一幕被班里几个男生看到，他们起哄说：“这两个人真像是一对小恋人，哈哈！”结果弄得乐乐和小飞当时都很尴尬。

乐乐回来说：“难道男生和女生合得来就是谈恋爱，就是爱情吗？其实我们真的只是好朋友。”

小丽说：“乐乐，别理他们，那些男生总是喜欢乱讲话，我和晓雪都知道你们两个之间只是好朋友而已。”

我说："是呀，是呀，乐乐别太在意其他人的看法，我们都支持你们的友谊。"

"我们两个现在在班上都不好意思说话了，生怕别人说什么，怎么会变成这样！"乐乐不解地说。

看到乐乐有些难过，我也很郁闷，都是那些男生分不清什么是友情什么是爱情，乱起哄造成的，让乐乐和小飞本来很融洽、很自然的朋友关系，变得这样尴尬和不自然。

我的女儿，你说得很对，乐乐这件事情正是由于一些青少年对于爱情和友情不能正确地区分，而误认为友情就是爱情而造成的。

由于青春期是男生和女生性意识的重要发展时期，男孩和女孩对异性都充满了好奇和敏感。相应地，他们对于班上同学异性之间的交往也会很敏感，而往往不能很好地把握友情和爱情的基本界限，很容易将两者之间相混淆，把友情当做爱情。

那么，到底应该怎样区分友情和爱情，把握好两者之间的尺度呢？

首先，友情和爱情所代表的含义和内容是不同的。对于友情来说，无论是同性还是异性，只要两个人在某一方面，比如性格、兴趣爱好方面等能够相互认同，就可以成为朋友，在友情中更多的感情是认同与尊重。而爱情除了两个人要具备一定相互认同外，更多的是对对方爱慕和倾心，渴望和对方身心交融等。

其次，是在情感上的不同。朋友之间不会因为长时间不见而无心学习，茶不思饭不想。而爱情则不同，两个恋人如果长时间不见，会有一种做任何事都索然无味的感觉，会有一种要和对方永远在一起的冲动。

再次，在排他性上，爱情和友情也有很大的不同。友情是允许很多人一起共享的，也就是说，对于对方结交多少异性朋友并不在意。但是爱情的针对性却是很强的，一旦一个男生和女生产生了爱情后，会强烈排斥其他异性的出现，绝不允许恋人对其他异性产生好感和爱慕之情。

所以说友情和爱情是有很大不同的，只有能够正确区分友情和爱情，才能更好地在和异性交往时把握好分寸。

别难过，失恋也是一种幸运

我的同桌小雅平时活泼开朗，没事的时候还经常跟我开玩笑。最近不知道怎么了，小雅的情绪很低落，有时还一个人趴在桌子上偷偷地流眼泪，上课时也经常走神，一副心神不宁的样子，本来挺好的学习成绩最近却一落千丈。看来小雅一定是遇到什么事情了。

课间的时候，我问小雅：“小雅，你最近怎么了，是不是遇到什么事情了？”

小雅听我一问，眼圈就红了起来，说：“没什么，没什么！”

“别骗我了，没什么最近几天怎么会一个人经常偷偷地流眼泪，有什么事情或者困难说出来，心情可能就会好一些。”

小雅点点头，原来小雅一年前认识了我们学校其他班的一个帅气的男孩，他们两家住得很近，经常在上学的路上碰到，时间一长两个人就成了朋友。后来两个人慢慢又变成了“恋人”，一起上学，一起谈心，一起去郊游，度过了非常快乐的时光。可是最近，那个男孩却突然向小雅提出分手，说他们两个并不适合。后来小雅偷偷跟踪那个男孩，发现那个男孩又喜欢上了另外一个女孩。这让小雅很受打击，心里痛苦万分，感觉就好像世界末日到了一样，做什么都没有心情，所以最近才会出现种种异常的表现。

我安慰小雅说："别伤心，我们还很年轻，以后会有更好的在等着你呢！而且爱情并不是我们生活的全部，我们还有自己的理想，你学习那么好，努力学习的话一定会考上好的大学，那时候你就会发现世界上还有很多值得去发现去追求的。"

"谢谢你，晓雪，跟你说完后，我的心情好多了，谢谢你！"

"谢什么谢，咱们是好同桌、好同学嘛！"我说道。

宝贝女儿，看来你真的长大了，不再是那个整天在妈妈怀里撒娇的小女孩了，已经学会用成熟的观点来思考问题，会安慰他人了！

处在青春期的少男少女们由于年纪太小，思想还不够成熟，很容易因为一时的冲动盲目恋爱，其实这时的恋情并不稳固，很容易失恋。当失恋发生后，由于女孩自身承受挫折的能力比较差，很容易伤心欲绝，产生心灰意冷的念头，陷入失恋痛苦的沼泽中不能自拔，影响自己的正常生活和学习，有的女孩甚至还会因此失去理智，产生轻生的念头。那么，女孩失恋时该怎么办呢？

女孩在失恋后，在面对心情苦闷、悔恨绝望、孤独无助等不良情绪时，不应该把它们长期压在心底，这很容易导致心理疾病的产生。而是应该找个朋友或者是自己值得信赖的人来一吐自己心中的苦闷和不快，让自己的不良情绪得到释放。

当自己想念对方时，可以把男友的缺点一一列出来，提醒自己。通过这样的手段来减弱自己对前恋人的依恋之情，让自己从失恋的痛苦中走出来。在失恋后，还要学会适当地把自己的注意力从失恋转移到其他事情上，比如，可以积极参加学校里的各种娱乐活动或者团队活动，多交几个朋友，寻找生活中的其他乐趣；也可以在周末和好友或者家人一起去郊游，投身到大自然当中去，看着大自然壮美的景色，你会觉得心胸开阔，豁然开朗，心情也会变得好起来。

女孩要知道生活中不仅仅只有爱情，还有亲情和友情，还有你的理想和奋斗目标。现在你们还很年轻，人生的路还很长，如果只把眼光停留在爱情上，就得不偿失了。失恋虽然是痛苦的，但同时它也是一种幸运，是一个让自己心灵成熟的好机会。如果这时能够学会用积极的态度去面对失恋，战胜自己，将会使自己的心灵变得更强大。学会把自己心中的压力变成动力，努力去学习去奋斗，会让你的人生获得更多的收获。

对老师产生好感，怎么办

“你知道吗？这学期我们换物理老师了，据说是刚毕业的大学生。”乐乐今天一大早就告诉我这个消息。

果真，今天上物理课时来了一位白白净净长得很帅气的老师，他笑着对我们说：“同学们好，我是新来的物理老师，名字叫张凯。希望我能和同学们一起度过一段美好时光，希望我们不仅能够成为好师生，还能成为好朋友……”

下课后，乐乐忍不住地赞叹："没想到我们的物理老师不仅人长得帅，课也讲得这么好。他高高的鼻梁和炯炯有神的眼睛，简直就像电视中的明星一样。"

看着乐乐一脸崇拜的样子，小丽取笑说："乐乐，你都快流口水了。"

"什么，我没有流口水呀！"乐乐摸摸自己的嘴角说。

"还说没有，看看你，花痴的样子。感觉口水都快流下来了。"我也逗乐乐说。

"你们两个人真讨厌，就会拿别人寻开心。"乐乐有些不好意思地说。

不过说真的，自从我们换了新的物理老师以后，乐乐每次上物理课时都特别认真地听课，眼睛一眨不眨地盯着张凯老师看。而且她竟然破天荒地每天下课也在研究那些物理定理和公式，这可是在平时从来没有出现过的状况。乐乐的物理成绩也直线上升，这次100分的试题她竟然考了98分，还受到了物理老师的表扬，没想到平时大大咧咧的乐乐受到表扬后，竟然也会害羞。

小丽下课问乐乐："你是不是喜欢上物理老师了？"

乐乐低着头说："没有，你瞎说些什么呢？只不过……有好感而已。"看到乐乐忸怩的表情，我心里想：完了，看来乐乐真喜欢上了我们的物理老师了，这可该怎么办呀？

青春期的女孩正处于花的季节，很容易被阳光帅气的男老师所吸引。这个时候女孩对老师产生爱慕之情很正常，但这并不是真正的感情，只是一种崇拜和敬仰之情。因为这个时候，你们所接触异性的圈子还很狭窄，只有老师和同学。遇到知识和阅历比你们丰富、而且长得又非常帅气的男老师时，自然就会对老师产生一种崇拜心理和好感，这时你们很容易误认为自己喜欢上了老师。但是等你们长大后就会发现，当时的感情并不是爱，只不过是对老师的赞赏和崇拜。

作为老师，最希望的就是自己的学生能够努力学习。所以，这时候最好的办法，就是把对老师的喜爱之情深深地埋藏在心中，用好成绩来回报你的老师，来证明自己的优秀。

乐乐不也是在用成绩向老师证明自己吗？所以晓雪不必太担心，明天你可以把妈妈说的话告诉乐乐，相信乐乐那么聪明的姑娘，一定会明白该怎么处理自己的这份感情。

异性交往，要以尊重为前提

周末，我和乐乐还有小丽一起躺在小丽卧室中的大双人床上聊天。

“感觉上了初中后真累呀！”乐乐说。

小丽赞同道：“是呀，小时候多好，没有没完没了的作业，周末也不用上各种辅导班。”

我说：“还有小时候我们可以随便和男生玩耍，可是现在就不行，大人整天在耳边叮嘱说：‘大姑娘家，不要整天和男生在一起打打闹闹的。’与男生交往都不像以前那么随便了。”

乐乐深有感触地说：“就像我本来和邻居家小飞的关系挺好的，结果让同学起哄说我们在谈恋爱，现在吓得我都不敢在学校跟他说话了。”

“现在不管老师还是家长都教育我们：中学生不要谈恋爱，你们现在的主要任务就是好好学习。好像男生女生在一起就是在谈恋爱似的，你们说难道长大了，男生和女生就不能做朋友了吗？”丽丽说。

我说："可能是家长和老师对我们太过担心，怕我们小小年纪谈恋爱影响了学习吧！"

乐乐说："现在我们是都注意了，可是弄得我们都不知道到底应该怎样跟班里的男同学正常交往了。"

听了乐乐的话，我也陷入了深深的困惑中：到底处在青春期的我们该如何和男同学交往呢？

晓雪，妈妈觉得你们在与异性交往的这个问题上可能误解了老师和家长。不管是老师还是家长，并不反对你们和异性的正常交往，只不过是想告诫你们要把握好一个度。

青春期女孩在与男生交往时，很容易出现两种状况。一种是言谈举止过于拘谨，甚至害怕和男生交往，结果失去了与异性交往的机会；另一种状况是言谈举止过于随便，经常和男生在一起打打闹闹，这样就会显得女孩过于轻浮。这些都是因为没有掌握好与异性交往的适度原则而造成的。

那么，到底女孩该如何和异性交往呢？在与异性交往时，首先要以尊重作为前提，只有相互尊重，才能掌握好分寸。行为举止要大方自然，既不可过分夸张，也不要矫揉造作，就像对待自己的兄弟姐妹一样对待异性同学。但是要注意留有余地，在交往中不能毫无顾忌，对一些涉及两性之间的敏感话题要尽量回避。身体接触时也要把握好分寸，尽量避免一些不必要的接触。还要注意在与异性交往时不要太过集中深入地与某一个人接触，而是应该多参加一些集体活动，多结交性格、特长不同的异性朋友，这会让你对异性有一个多方面的了解。

在和异性交往的过程中还要注意场合，避免造成他人的误解。另外还要把握好距离，交往不宜过深，一旦发现对方的感情不对，要及时调整两个人之间的关系，使之恢复到正常的交往状态上去。

总之，在和异性交往的过程中，只要相互尊重、相互信任，以真诚的态度对待对方，妥善地处理好男生和女生的关系，不仅可以让你交到真正的好朋友，还可以在相互学习和激励过程中学会如何与异性合作，取长补短、共同进步。这些对你的成长都是极为有利的。

第七章　性的困惑，妈妈成为你走出性困惑的导师

处于青春期的青少年，随着生理的逐渐成熟，他们的性意识也开始觉醒，并且还充满强烈的好奇心。对此家长很容易陷入尴尬中，不知道该如何向孩子解释有关性方面的知识。正是在这种情况下，使得很多青少年对于性方面的知识知之甚少。由于性知识的缺乏，不少女孩走上了堕胎的道路。作为父母，对性这个话题缄口不言，试图把孩子关在真空里，只会让孩子没有抵抗力和鉴别力。只有让你的女儿获得全面而客观的性知识，才是最正确的态度。

男孩子身体变化的秘密

进入青春期后，我们女孩儿的身体发生了不少变化，比如乳房的增长、月经的出现等。但是让我们女孩儿好奇的是，男孩子进入青春期后，身体上也会发生一些变化吗？这天我和乐乐、小丽在私下讨论这个问题。

小丽托着腮说："据我观察，男生在青春期时，声音会变得比较低沉。"

"他们开始长胡子了。"我补充道。

乐乐想了半天说："他们的胸部好像不发育，你们说男孩子会不会每个月也来月经呀？"

小丽笑着说："乐乐，看来你的思想还停留在幼儿园时代，这么简单的问题都不知道！他们当然不长胸部和来月经了，因为那些是我们女孩儿的特征。哈哈！笑死人啦！"

"去你的，我本来就不是很清楚嘛，所以才问问你们，你们就不要嘲笑我了。"乐乐反击道。

我说："好了，好了，我们不笑你了，不过有关男孩子的事我们好像就知道这么多，其他到底还有什么变化我们就不知道了。"

乐乐说："晓雪，你可以去问问你妈妈呀！"

"为什么每次都让我去问呀？问这个问题多不好意思呀！"我说。小丽说："当然是你最适合了，我们即使问父母他们没准也不好意思回答。你妈妈是医生，肯定了解得比较清楚，而且又不会不好意思回答你。所以你就应该当仁不让地去啦，拜托了！"

最后这个艰巨的任务又落在了我的身上，我只好求教于我那博学多才做医生的老妈了。乐乐和小丽这两个家伙还等着明天让我和她们分享呢。

女孩对于青春期男孩的身体变化充满了好奇是正常的，没有什么不好意思的。那么，现在妈妈就告诉你们有关男孩的这些小秘密，让你们对男孩的发育过程有所了解。

不管是女孩还是男孩，进入青春期后，在体内雌性激素和雄性激素的双重影响下，身体都会发生一系列的变化。男孩和女孩的身体形态、生殖器官等身体的各项机能都逐渐发育成熟，最后真正地形成两性的分化。

进入青春期后，男孩的身高增长较快，每年可增高 6 ～ 9 厘米。男孩一般比女孩发育得要晚些，停止的时间也晚，一般要长到 23 岁左右。成年后的男性一般平均身高要比女性高出 10 厘米左右。

除了身高的增长，男孩的骨骼也会增粗，肌肉开始发育，肩膀会变宽，平均每年的体重增加 5 ～ 10 公斤，男孩的体型会变得比较健壮。而女孩在青春期身体的变化主要是脂肪增加，盆骨变宽，形成特有的女性曲线美。

在雄性激素的刺激下，男孩会长出胡须，喉结变得突出，声音变得更加低沉，并开始生长体毛，如腋毛、阴毛等。在生理方面，男孩生殖器官逐渐发育成熟，阴茎和睾丸增大，并开始出现勃起、遗精等现象，逐渐显示出男性的第二特征。

在中学期间，有的男孩呈现出较为明显的男性特征，有的则不是很明显。这是因为和女孩一样，男孩发育年龄由于每个人的体质不同和各种因素的影响，发育时间会有些差异。有些男孩可能发育得较早，有的则较晚，出现一个时间差的问题，但最终他们都将会发育成熟的。

这些就是男孩身体变化的秘密，现在你们知道了吗？

小宝宝是怎么生出来的

“你们说小宝宝是怎么生出来的？”在放学的路上，乐乐突然提出这个问题。

“我小时候就问过妈妈这个问题，妈妈还逗我说是从垃圾堆里捡来的，后来我小姨怀孕生了小宝宝，我才知道根本不是那样的，小宝宝是从妈妈肚子里生出来的。”小丽一副非常了解的样子回答道。“那你们说女孩儿在什么情况下会怀孕呢？”我问道。

乐乐想了想说：“小蕾告诉我，和男孩子接吻就会怀孕。”小丽说道：“呵呵，乐乐，要是接吻都能怀孕的话，那电视节目里接吻的演员不就都会怀孕了吗？哈哈，太好笑了。”

乐乐听了小丽的话，也觉得有些荒唐，忍不住笑起来，说：“我不是不知道嘛！这么说你一定知道啦，那你说说到底是怎么回事呀？”小丽说：“别问我，具体情况我也不清楚。晓雪，你妈妈是医生，有没有告诉过你？”

我说：“这个问题我还真没问过我妈，我只知道女孩子只要来月经了，就说明卵巢和子宫已经开始逐渐发育成熟，就可以生小孩了，其他的我就不清楚了。你们想知道的话，等我回家问问我妈再告诉你们吧。”

很多青春期的女孩会对宝宝是怎么进到妈妈肚子里，又是怎么出世的这些事充满了好奇。其实宝宝进入妈妈肚子之前并不是那么大的，而是非

常小的，像一颗小种子一样。这颗小种子是由爸爸的精子和妈妈的卵子结合在一起产生的。

那么，这颗“小种子”是怎么进入妈妈身体的呢？

女性在发育成熟后，一般情况下每个月会从卵巢中排出一个卵子来，卵子的形状是圆圆的，在显微镜下看就像是荷包蛋一样。而男性发育成熟后，会从睾丸中制造出精子，精子的形状在显微镜下看就像小蝌蚪一样，尖尖的头，长长的尾巴。

爸爸的身体会排出精液来，精液里面有成千上万个小蝌蚪一样的精子。这些精子会通过妈妈的阴道而进入到子宫里，但是这些精子在进入子宫前会赛跑，看谁最先进入子宫找到妈妈的卵子。最终只有那个跑得最快、最强壮的精子才会与卵子相结合，形成受精卵。其他的精子则会被排出体外。而受精卵会在妈妈的子宫里经过十个月的成长时间，慢慢长大变成胎儿。当妈妈肚子里的胎儿成熟后，就会从妈妈的阴道里生出来了。

现在你知道宝宝怎样出世了吧！

要知道生宝宝的过程是一个非常艰辛的过程，所以每个做父母的都是很不容易的，因此你们要爱惜自己的生命，孝敬父母，好报答父母的养育之恩！

女儿，请珍惜宝贵的处女之身

今天我和妈妈一起看电视，电视上正在播放一则新闻，新闻中说，暑假结束后，某个妇产医院出现了很多未成年的少女，她们都是来医院做人流的。新闻中的医生说，看到这些女孩稚嫩的面孔，感到很难过，对孩子们这一状况很担忧，因为流产会给她们的身心带来很大的伤害。

这时妈妈说："晓雪，妈妈所在的医院，每周也能碰上一两个高中生甚至还有初中生来医院做人流。很多女孩对于人工流产的后果了解很少，甚至连最基本的生理常识都不知道，认为人工流产是件非常简单方便的事情，对于人工流产对身体的危害一点都不知情。"

"妈妈，人工流产对女孩的危害到底有多大呀？"我问道。

"女孩在人工流产后，会使子宫壁变薄，可能会导致月经失调、闭经、子宫腔粘连、子宫内膜异位等不良后果，甚至会影响今后的生育，导致终生不孕。"妈妈继续说道，"很多婚后不孕的患者来医院进行治疗时，经过医生询问，大多都是在年轻时做过流产手术的。你知道吗？对于未成年少女来说，因怀孕和生育引起的并发症导致死亡的危险系数是 24 岁以上年轻女性的 25 倍。"

"天呀，原来危害性这么大呀！简直太吓人了。"我张大嘴吃惊地说。

"所以，女孩在未婚前千万不要和男孩发生性关系，知道吗？"

"知道了，老妈，我可不敢拿我的生命去开玩笑呢！"

青春期的少年正处于对异性有好感和对性非常好奇的阶段，如果再受到一些不良书籍和淫秽视频的影响，很容易冲动，去尝试性行为。但是你们却不知道，你们现在的年龄和身心都决定着你们无力承担性行为所带来的后果，而作为女孩子则更无法承受流产给你们的身心所带来的巨大痛苦和伤害。所以，等你们慢慢长大，身心真正发展成熟后，遇到自己真正的爱情，结婚后再发生性行为才是健康的，才是对自己负责的。

在学校恋爱的情侣，由于年纪小，思想还不成熟，谁都不知道自己的未来是怎样的，所以大部分都是以分手而告终。在如此不稳定的恋情下如果轻易地尝试性行为的话，实在是太草率，太得不偿失了，最终受伤害最大的还是你们这些女孩子。

那么，青春期少女一旦怀孕了，该怎么办？出现这种情况后，女孩子一定不要瞒着父母。很多未婚先孕的女孩子因怕父母打骂而不敢寻求帮助，结果自己偷偷摸摸地到设备简陋、医疗条件差、消毒不严格的小诊所里进行流产，往往容易造成感染、子宫穿孔、大出血等并发症的出现，不仅会影响以后的生育，严重的话，甚至会危及生命。因此，女孩子一定要在父母的陪同下到正规的医院去做人工流产手术。做流产手术越早越好，最好不要超过 3 个月，一旦怀孕超过 3 个月，手术就变得很困难且有危险。记住，怀孕的月份越大，手术的危险性也就越大，对身体的影响也越大。流产后前 3 天要卧床休息，身体也不能进行强度大的劳动和运动，流产后至少要休息半个月，注意要多吃一些富有营养的食品，让自己的身体尽快地恢复正常。

妈妈想告诉你的是，女儿，请爱惜你的身体，即使遇到爱情，你也要学会等待，等待彼此长大，等待自己真正有能力承担爱情，等待长大后结婚，因为真正的爱情不会害怕等待。生活是自己的，青春期的你要学会对自己负责，避免自己受到伤害。所以，女儿，请珍惜你宝贵的处女之身。

青春期性幻想正常吗

“终于，看完了！”我伸了伸懒腰，电视剧中男女主人公最后终于举行了婚礼，幸福地生活在一起。

我关上电视，躺在床上便开始胡思乱想起来。我在想我什么时候才能和电视剧里的主人公一样，也有一个阳光帅气的男朋友，然后我们两个人一起漫步在林间的绿荫小路上，他教我骑自行车，他教我打网球；傍晚的时候两个人一起背靠着背坐在沙滩上，看着夕阳缓缓地落入海中；然后两个人手拉着手回家，到了家门口，那个男孩儿在跟我告别时，偷偷地吻了我一下。天呀！我的脑子里在想什么呀，竟然在幻想一个男孩儿在吻我。我赶紧把思绪拽回来，闭上眼睛赶紧睡觉。

可是我发现，最近没事的时候，总是不由自主地幻想和男孩儿在一起的浪漫场景，如拥抱、接吻等。而且有时在看一些电视剧或者小说的时候，总喜欢把自己当成小说里的女主人公，然后开始幻想自己和男主人公的那些恋爱场景，难道我也成了坏女孩？为什么总会想这些令人脸红心跳的情节？

课间，我试探性地问小丽：“小丽，你在看那些偶像剧和爱情小说时，有没有幻想过自己是里面的女主人公，和帅气的男主人公谈恋爱呢？”

“当然了，谁不想自己也能够像电视剧中女主人公那样遇到一个英俊潇洒、彬彬有礼、像王子一样的男主人公呢？”小丽痴痴地说，“我们在一起拥抱，甚至接吻，然后我便毫不犹豫地嫁给他，一起过着幸福的生活。”

听到小丽这样说，我心里松了一口气，看来不只是自己幻想过这些，这应该算是正常吧。

正在这时，一张大脸突然凑过来，吓了我一大跳，我说："乐乐，你想吓死我呀！"

乐乐嘟着嘴说："哪有，我只不过想听清楚你们两个在说什么。因为刚才听到小丽说什么拥抱、接吻这种劲爆的话题。快告诉我，难道小丽和谁接吻了吗？"

我说："小丽只不过是在幻想着自己能像女主人公一样和电视剧中的男主人公谈恋爱。"

"原来是说这个。"乐乐有些失望。不过后来乐乐竟然语出惊人地说："我已经幻想过多次能在现实中遇到那样的男主人公了，我甚至祈祷过上天也能让我遇上一个，但是到现在也从来没有遇到过，目前看来我的这个愿望实现起来有些困难了。"

听了乐乐的话后，我终于不用担心我是坏女孩了，原来每个女孩都会幻想自己能和心目中理想的白马王子谈恋爱。

女儿，你当然不是坏女孩，青春期对于异性的幻想，是正常的现象，是生理和心理中性意识发展的表现。

处在青春期的女孩，随着身体的发育和性意识的萌发和觉醒，会对异性产生渴望和爱慕之情。而这种感情在现实生活中无法得到实现和满足的时候，就会通过幻想的方式来满足自己。再加上平时在小说中、电视剧中或者网络上看到一些有关爱情的故事，里面有时可能还会出现一些拥抱、接吻的镜头，你们就会根据这些恋爱故事情节或者片段在头脑中虚构一些自己与爱慕对象的恋爱情节和故事，让自己对异性和对性的渴望以幻想的方式发泄出来，通过遐想来满足内心的渴望，这在一定程度上能化解你们在性问题上的压抑情绪。所以这属于青春发育期中正常的心理活动，对此不必产生罪恶感，也不必过于担心和害怕。但是需要注意的是，如果过于沉浸于性幻想，也会对你们的身心健康带来危害。比如，由于整天都沉溺于性幻想当中致使无法专心学习，有的则可能在强烈的性幻想作用下而付之于行动，从而造成过早地进行性行为。

妈妈下面告诉你该如何正确对待性幻想这一状况。

首先，在平时要避免受到过多的外界刺激，不看那些可以导致产生性幻想的视频、文字、图片等，尤其是一些淫秽的视频和书刊更要坚决抵制。

其次，如果发现自己出现性幻想过多时，可以让自己多参加一些体育活动等，来转移自己的注意力。

一般情况下，性幻想完全可以通过自己意志力来控制的，所以青春期女孩在对待性幻想时要学会用一颗平常心来看待。既不用对此过于自责，也不能过于沉溺其中。最好的办法就是用丰富多彩的文体活动，来充实自己的心灵。当你们把自己的注意力都专注于其他事情上去，性幻想自然就会减少了。女儿，你现在知道该怎么办了吧！

一些避孕的相关知识

妈妈今天找我，说要告诉我一件事，没想到妈妈说的事竟让我有些脸红。现在我偷偷地告诉你们妈妈告诉我了什么事情，那就是——避孕！

妈妈告诉我，女孩子必须了解一些基本的青春期性知识，这叫防患于未然。为此我还做了笔记，等有空打算分享给乐乐她们，好让她们也懂得这些知识。

首先，我们女孩子在未成年前一定防止和男孩子发生性关系。因为这个时候，我们的心理、生理、社会经验、经济方面都还不成熟，根本无法承受发生性关系的后果。而且青少年时期，很多性冲动都是因为生理的本能反应。少男少女一旦觉察自己有性冲动的时候，要立刻转移自己的注意力，可以通过积极参加一些文体活动，如运动、听音乐、看书等，让自己的这种生理冲动得以转移和释放。另外，女孩子特别需要注意的是，不要随意把自己的处女之身给了男孩子。因为童贞对女孩子来说是无比珍贵的，不要因为一时冲动，等失去后才追悔莫及。年轻时的草率行为，可能会影响到女孩子一辈子的幸福！

其次，如果发生性行为或受到性侵害后怎么办？那就需要懂得一些避孕方面的知识了。安全套是避孕的最好方法，安全套也叫避孕套，它是在性行为时由男孩使用的。因为它容易掌握而且安全，正确使用的话，避孕效果能够达到90%以上，而且还能够防止一些通过性传播的疾病。另一种避孕方法，就是女性口服避孕药，避孕药是在性行为时没有采取避孕方式或者避孕失败后使用的，避孕药只是作为一种补救措施出现。

最后，如果以上方法都失败了，女孩一旦怀孕了该如何处理呢？这时女孩一定要告诉家里的大人，在家人的陪同下去正规的医院做流产手术。而且要记住流产手术越早做越好，否则怀孕超过3个月后，手术的危险性就会大大增加了。

女儿，除了上面告诉你的这些外，妈妈还要特别补充一些内容：

16 岁以下的女孩因为正处于青春期，身体的各方面还没有发育成熟，避孕药含有大量的激素，服用的话，会影响身体的发育，导致内分泌紊乱、月经失调、肠胃不适，甚至不孕，所以女孩不适合服用避孕药。即使成年后，避孕药对女性的身体伤害仍然很大，所以一年服用也不要超过 3 次。因此最好的避孕办法就是使用安全套。在使用安全套时一定要按照说明书上的方法正确使用。当然最好、也是最安全的办法就是女性在未婚前不要发生性行为。要记住，不论女孩还是男孩，过早的性生活都会对你们产生不良影响和伤害。

那么，女孩怎样才能确定自己怀孕了呢？经过性行为后，发现自己月经停止，无缘无故地出现呕吐恶心、乳房有刺痛感、小便次数增多、感觉自己没有力气、容易疲倦、想睡觉等这些生理现象的出现，就可能是怀孕了，这时就需要到正规的医院去做检查确定了。

妈妈想提醒你的是，流产手术总是可能会伴随着出血、感染、子宫受到损伤等并发症的出现，尤其流产次数超过两次可能就会形成习惯性流产，甚至终身不能怀孕。所以青少年千万不要过早地发生性行为，更不要和多个人发生性关系。

你们知道吗？真正的幸福是建立在稳定的生活和专一的爱情基础上的。你们还处于青春期，年纪还小，并不适合学成年人谈恋爱。这样做对于你们往往是有害无益的，所以你们要懂得一些基本的性知识，学会保护自己，拒绝不良的诱惑。遇到问题后不能慌了手脚，要学会冷静理智地对待，希望你们能平安快乐地度过青春期。

关于艾滋病，你要知道的

今天老师发给我们一张有关艾滋病的调查问卷，第一个问题是：你认为和艾滋病感染者一起用餐会感染艾滋病吗？第二个问题是：如果蚊子叮咬了艾滋病患者，然后再叮咬你，你觉得你会感染艾滋病吗？第三个问题是：你认为性行为会感染艾滋病吗？第四个问题是：艾滋病可以通过唾液和接触传染，你认为这种观点正确吗？第五个问题是：你知道艾滋病是通过什么途径传播的吗？第六个问题是：如果你没有拒绝和异性朋友发生性行为的情况下，你会使用或者要求你的异性朋友使用安全套吗……

看到这些问题后，我真不知道该怎么回答，于是我偷偷地问同桌小雅说："对这些问题，你知道怎么答吗？"

小雅摇摇头说："我只知道一点点，其他大部分都不知道。"正在我发愁怎么填写这份调查问卷时，老师发话了："同学们，今天这张问卷可以带回家，明天早上把你们写好的答案交给我。如果上面有不会的或者不懂的问题，可以自己上网查，也可以问父母，这样做的目的就是让你们了解有关艾滋病的一些基本常识。知道了吗？"

"知道了。"大家异口同声地回答道。

"好了，今天就到这里，下课吧！"

我背起书包就往外跑。心里想：这下好办了，有老妈在我怕什么，回去问问就知道了。

艾滋病是一种死亡率极高的传染病，全球每年都会有数百万人感染艾滋病病毒。随着艾滋病在世界范围内的迅速传播，使它成为威胁人类健康的第四大杀手，全球已经有超过2500万以上的人口因感染艾滋病而死亡，它对人类的生存产生了严重的威胁。为了宣传和普及预防艾滋病的知识，1988年世界卫生组织还将每年的12月1日定为世界艾滋病日，号召全世界的人都来关注艾滋病。所以青少年对艾滋病也要有一定的了解。

艾滋病又叫获得性免疫缺陷综合征，它是一种攻击人体免疫系统的病毒所引发的疾病。我们人类天生具有免疫系统，免疫系统能够帮助人体抵抗外来细菌或者病毒的感染和侵害，保护人体。在艾滋病病毒破坏人体的免疫系统后，人们就会彻底丧失抵抗疾病的能力，各种致病细菌都会让身体感染，最终人会因多种感染而死亡。而且艾滋病病毒进入人体后的潜伏期非常长，艾滋病的感染者，平均经过12年左右的时间才会发展为艾滋病。在潜伏期的艾滋病感染者是没有任何症状的，所以在此期间很可能将病毒传染给他人。由于到目前为止还没有治愈的方法，所以我们每个人都必须要做好艾滋病防治工作。

艾滋病病毒一般存在于艾滋病感染者的血液、乳汁、精液、阴道分泌物中，主要是通过血液、性接触和母婴三种途径传播的。

性伴侣越多的人受到感染的概率也就越大，所以最好的预防方法是要洁身自爱，避免婚前性行为。保持单一性伴侣能够避免和减少感染艾滋病的概率。如果怀疑自己或者对方有感染艾滋病的危险，要坚持使用安全套，因为正确使用安全套不但能够避孕，还能减少性生活中感染艾滋病和性病的概率。

在平时还要注意不要擅自输血和使用血液制品。如果需要，必须要在医生的指导下，使用经过艾滋病病毒抗体检测的血液或血液制品。在献血时，为了保证自己的健康和他人的健康，要去正规的血站献血。

有些艾滋病感染者是因为使用了那些被艾滋病病毒污染而未经严格消毒的针具和医疗器械而感染上艾滋病病毒的，所以就医时要坚持使用经严格消毒的注射器和医疗器械，去正规的医院和诊所看病也是你们需要注意的。对于一些需要刺破皮肤的如文身、穿耳洞等，也需要注意去正规的美容、整形机构去做。

艾滋病的另外一个重要的传播途径是共用注射器静脉吸毒。所以，青少年一定要坚决拒绝毒品，珍爱自己宝贵的生命。在公共场所不要接受陌生人递给的饮料、香烟等；不要和有吸毒、贩毒行为的人交往。在公共场所交友时，要三思而后行。

艾滋病病毒感染的女性还会通过怀孕、分娩、哺乳传染给孩子，所以受感染的女性要避免怀孕和哺乳。

对于你们来说，还要注意一些牙刷、剃须刀等个人用品不要借用或者共用。避免与艾滋病患者的血液、精液、乳汁接触，从而切断其传播的途径。

艾滋病病毒虽然很可怕，但是它一旦离开人体后就会很快死亡，所以艾滋病不会通过日常生活中的一般接触，如握手、拥抱、礼节性接吻、共用餐具、共用卫生间而传播。由于艾滋病感染者的唾液、眼泪、汗液、尿液中病毒含量较低，所以也是不会传播艾滋病的。因为艾滋病病毒在蚊子体内不会发育和繁殖，而且蚊子吸入血液后就不会再吐出，即使蚊子嘴上有残留的血液，其中的病毒也是微乎其微的，所以蚊子叮咬不会传染艾滋病。

你们要有爱心，不要歧视那些艾滋病病毒感染者，他们中很多人都是在没有预防意识的情况下被感染的。还有很多孩子是因为父母而感染的，他们和我们一样同样具有上学、工作和就医的权利，所以你们应该学会关心和理解他们。未经同意，也不要公开感染者的身份。要学会尊重和关心他人，关爱这些艾滋病病毒感染者。

除了这些，作为社会大家庭的一分子，你们还应该将自己所掌握的有关防治艾滋病的知识与不了解这些知识的朋友和家人一起分享，为预防和控制艾滋病作出自己的贡献。女儿，看完这些，你该知道怎么回答那份答卷了吧。还有，你也要自己学着主动去找图书馆、网上查找资料，学会动脑筋想办法来解决问题。

第八章　破茧成蝶，你要掌握一些自立的本领

每个家长都“望子成龙”，为了让孩子成才，往往不惜重金投资，但是却忽视了孩子成长中最重要的一项内容，那就是让孩子掌握自立的本领。一个缺乏自立能力的孩子，往往缺乏自信，动手能力差，意志薄弱，依赖性强，这对于他们以后走向社会是十分不利的；相反，一个自立能力强的孩子，往往充满自信，有责任感，这样的孩子将来会更容易适应社会环境，发挥出自己的才能。家长应该鼓励孩子自己的事情自己做，让他们学会勇敢地面对生活中遇到的问题，培养他们独立解决问题的能力，教会他们自立的本领。

做个多才多艺的女孩

今天学校举行了才艺表演大赛，我和小丽看完比赛后连连惊叹，没想到我们学校竟然是一个藏龙卧虎之地，很多同学都表演了自己的绝活儿，有民族舞、唱歌、相声、书法……真让我们大开眼界。尤其是当看到小雅娴熟地用古筝弹奏一曲《春江花月夜》时，我和小丽都吃惊得说不出话来。

看完演出后，我对小丽说："你知道吗？最初我也想参加比赛，准备唱歌呢！"

"那后来为什么没有参加呢？"小丽问。

"后来我想想自己像绵羊一样的嗓音，就放弃了。"

"幸好你没参加，否则得'毒害'多少人的耳朵呀！"小丽开玩笑地说。

"臭小丽，你竟然说我唱歌难听，你再说的话，我就天天唱歌'毒害'你的耳朵。"我威胁道。

"好，好，我错了还不行吗？请你放过我的耳朵吧！"小丽笑着赶紧求饶说。

"小丽，你怎么没有学个才艺什么的？"我问道。

"本来我对钢琴很感兴趣，希望能参加一个钢琴学习班呢，可是我妈却认为这是在浪费时间，不让我参加。"

"那真是太可惜了，不过没关系，如果想学钢琴，以后长大了也可以学嘛。"我安慰小丽说。

其实我心里真的不明白为什么那么多家长都认为，初中生学习才艺是浪费时间，做个多才多艺的女孩真的就那么难吗？

女儿，其实才艺和学习并不矛盾。不可否认，有一部分家长会认为学习才是中学生最重要的事情，他们害怕学习才艺而占用你们过多的时间和精力，这样不利于学习，所以才会强迫孩子放弃自己喜欢的事情。但是在妈妈看来，这种想法并不正确。

对于女孩来说，在日常学习外的空余时间学习一些才艺，不仅可以丰富你们的业余文化生活，而且可以让你们从繁忙的学业中解脱出来。对于你们放松心情、减轻学习的压力是非常有利的。

不仅如此，学习才艺还能提高个人修养和审美情趣。例如，学习舞蹈，有利于矫正你们驼背、内八字、含胸等不良姿势，会让你们身体更加挺拔优雅，在训练的过程中还能够培养你们吃苦耐劳的品质；而学习绘画和书法等则有利于提高你们的艺术鉴赏力，培养你们丰富的想象力和创造力……不管任何才艺，只要自己感兴趣，都可以丰富你们的精神生活，而且也能为你们开拓一个新的发展空间，对于你们以后的发展和身心健康都是有益的。

学习才艺另一方面的好处就是能够增强你们的自信心。通过展示才艺还能让更多人来认识你们。

但是，台上一分钟，台下十年功，任何才艺都不是一两天就可以练成的，所以，你们要想学好一门才艺，必须坚持下去，只有这样才能学好。

学会理财，成为“财”女

刚刚拿到零用钱的我特别高兴，心里盘算着这笔钱该怎么花。是买我最喜欢的毛毛熊，还是买我前几天在饰品店看上的那个漂亮的头花呢？为了弥补上次快餐没有吃过瘾的遗憾，最后我决定用这笔钱去吃肯德基。在食物的诱惑下，我把妈妈给我的一周的零用钱全用在买汉堡、薯条和鸡翅上了。酒足饭饱后，才开始有些后悔了。我清楚地知道，提前花光零用钱的后果就是在剩下一周的日子里只能勒紧裤腰带过了。

我想了想，我还真的不太善于管理零用钱。在逛街时，只要看到自己喜欢的零食、漂亮的笔记本、小发卡、圆珠笔之类，就很容易冲动地去买。每次一周还没过完，我就已经提前把零用钱花光了。

晚上写作业时，我才发现自己的作业本马上就要用完了，这时我猛然想到，这次的零用钱还包括我买作业本的钱，而今天中午我却把钱花光了，这可怎么办呀！没办法，我只好硬着头皮向妈妈要了。

“妈妈，您能不能再给我点零用钱？”我笑嘻嘻地对妈妈说。

“不是昨天晚上给你零用钱了吗？才一天的工夫你就花光了？”妈妈问道。

“我中午想吃肯德基了，当时忘了买作业本的事情，所以，一不小心就全花光了。不过妈妈，我保证下次一定省着花，绝对不再乱买东西了。”我拉着妈妈的胳膊央求道。

妈妈黑着脸说：“晓雪，我记得上周在花完零用钱后又想买芭比娃娃的时候，你也是这么说的。”

“妈妈，我真的下次就改，所以这次您能不能再给我一点买作业本的钱，否则明天我就没办法写作业了。”我使出浑身解数向妈妈撒娇。

妈妈想了想说：“这次可以给你买作业本的钱，不过这笔钱要从下周的零用钱中扣除。还有，你总是这么乱花钱，再多的钱也不够你花，所以从现在开始，你要学会理财。”

“理财？怎么理呀？”看着我一头雾水的样子，妈妈笑着说：“小傻瓜，什么都不知道，看来真得好好教教你了。不过你首先要做的就是要控制自己，对于那些不必要的东西不要去买，知道了吗？接下来你要学会记账，然后给自己准备一张银行卡，把节省下来的零用钱都存到银行里。具体详细的内容妈妈再慢慢教你，总之，以后再出现今天的情况，妈妈可要惩罚你了，两周之内都没有零用钱花了。”

理财能力直接关系到一个人今后在社会上的生存和发展，善于理财的人将会比其他人更容易走进财富的殿堂。如果像你这样从小大手大脚，对于理财一窍不通的话，以后即使你有再多的收入也不够花的。所以妈妈决定从现在开始就教你理财，让你从小就对理财有一定的认识和了解，具备初步的理财能力，这样对你以后走向社会会有很大的帮助。

女儿，从现在开始，你要试着开始管理自己的零用钱。要想学会理财，首先要知道钱是怎么来的，要清楚地认识到你花掉的每一分钱都是爸爸妈妈辛苦工作挣来的。所以，你要好好珍惜我们的劳动成果，在花钱时不要奢侈浪费，要注意勤俭节约。

平时还应养成记账的习惯，把自己用掉的每一笔钱都记在一个小本子上，然后每周都拿出来分析一下，看看哪些开支是应该花的，哪些是不必要的。然后提醒自己下周争取免掉那些不必要的消费，这会让你逐渐养成合理消费的习惯，避免浪费。剩下来的钱，你可以存到自己开设的银行账户上，逢年过节长辈们给你的压岁钱、零用钱等，都可以存到银行中。看着你账户上的数字不断增多，相信你会体会到储蓄的快乐！

手中有了余钱，这时你就要学会如何让自己手中的钱升值。晓雪，你可以试着学习一些投资知识，当你积累了一定投资知识后，可以试着开始购买少量基金或者债券，也可以集邮、收集一些有收藏价值的各类藏品等。至于选择怎样的方式，就要看你自己的兴趣爱好了。因为理财的目的不仅仅是让你能省下许多钱和让钱升值，更重要的在于如何让自己未来的生活有保障，让自己今后生活得更好。所以根据自己未来的需求来计划和安排自己的理财方式是很重要的。

通过妈妈的介绍，相信你对理财有了一定的了解，要想有更深入的了解，还需要你自己去主动学习更多的理财知识，然后在实践中逐渐摸索，慢慢你就会发现自己也会理财了。女儿，妈妈期待你的进步。

女孩应该懂点厨艺

今天语文老师给我们留的作业是让我们写一下第一次做饭的经历。虽然在家里我偶尔也做做家务，但是还真没做过饭。不过，每天看妈妈做饭也没觉得有什么难的，所以今天我决定自己动手做一顿饭。当妈妈听到我要做饭时非常吃惊，看着妈妈一脸不相信的表情，我有些不服气地说："妈妈，您可不要小看我，现在您就坐在沙发上好好休息一会儿，等着吃我做好的香喷喷的饭菜吧。”

我学着妈妈的样子，淘米，洗菜。本来觉得挺容易的事情，可是等我把淘好的大米放进锅里后，就开始犯难了：蒸米饭到底应该放多少水呀？不管了，为了防止饭夹生，我往锅里放了许多水，然后盖上电饭煲的盖子，按下启动按钮，终于解决了米饭的问题。

接下来开始炒菜，想来想去决定做炒茄子和西红柿炒鸡蛋。这是我认为最容易做的两道菜。结果却发现原来炒菜并不像看起来那么容易。在我炒鸡蛋时，油放得太少了，结果有些粘锅，炒出来的鸡蛋糊得黑乎乎的，真的是不怎么好看。炒茄子时,被锅里溅出的油花给烫了一下,疼得我“呀”的大叫一声，吓得妈妈赶紧跑过来看到底出了什么事情。我费了九牛二虎之力，才把茄子炒好。

在盛米饭的时候，我才发现锅里水放得太多，把米饭做成了稀饭。在饭桌上，爸爸吃着我炒煳的西红柿鸡蛋和做得半生不熟的茄子，仍然称赞我做得不错。其实我吃着自己做的饭，心里知道做得简直太糟糕了，原来做饭真的没有吃饭容易。我终于体会到妈妈做饭的辛苦和不容易了。为了让我的厨艺能有所长进，妈妈决定从明天开始教我做饭。

女儿，虽然知道你可能有些不愿意，但是妈妈还是决定让你好好学习如何做饭。学习厨艺对你来说好处多多，做饭是生活的基本技能之一，如果你连饭都不会做，还谈什么独立生存？妈妈总不能照顾你一辈子吧！所以懂得一点厨艺对你以后独立生活非常有益。

在学习做饭的过程中，你不仅学会了生活的基本技能，还能了解各种食物的属性，学会怎么保护自己，而且，烹饪还能培养你做事细心的好习惯。因为任何一道菜从选料、清洗、切菜到看火候、加调料直至最后出锅，整个过程任何一个环节不精心处理的话，都做不出好吃的菜肴的。所以要想做出好吃的饭菜，就必须反复尝试才行，这也可以锻炼你做事细心和精益求精的精神。

对于女孩来说，要想成为一个优秀的女人，不但要有知识和能力，还要会做饭，会照顾家人。“上得厅堂，下得厨房”才是所有男人都梦寐以求的精品女人嘛！而且等你长大后要为人父母，如果不会点厨艺，怎么能照顾好自己和子女呢？你可能要说“我可以依赖饭店和快餐呀”，但是你知道超市或快餐店卖的那些大多是高糖、高脂肪、高盐的食品，这样吃身体怎么会健康？学会自己动手做一些健康新鲜的食物才是最健康的饮食，为了你以后的身体健康也要学会做饭。

女儿，为了你长大能独立，为了你以后生活的健康，也为了你能成为一个优秀的女人，从明天开始，和妈妈一起做饭吧！

诚实是最宝贵的品质

今天是周日，因为爸爸妈妈有事出去了，所以就只有我一个人在家。作业早就做完了，自己的房间也整理好了，于是，我开始觉得有些无所事事起来。这时，客厅里的鱼缸突然引起了我的注意。

我发现鱼缸里的水有些混浊了，我想了想，反正我又没有什么事情可做，还不如帮妈妈把鱼缸里的水给换了。接下来我就开始忙活起来，先把鱼缸里的鱼捞到一个小盆子里，然后开始用一个废弃的小牙刷，边哼着歌边刷起鱼缸来。不一会儿，鱼缸就被我刷得干干净净的，我抱起鱼缸决定把里面的脏水倒进水池里。可是刚拿起鱼缸，手一滑，只听“啪”的一声，鱼缸掉在地上摔碎了。

完了，完了，这可怎么办呀，我急得像热锅上的蚂蚁。要知道这个鱼缸可是妈妈精心挑选的，而且价格不菲，妈妈知道了肯定会责备我，这可怎么办呀？最后我打定主意，决定用谎话来蒙混过关。妈妈一回到家，果然就问起鱼缸的事，于是我说：“鱼缸是小猫咪咪不小心给碰翻的。”

妈妈听后，盯着我的眼睛说：“你说的是真的吗？咪咪那么小，怎么有力气把鱼缸给碰翻，而且鱼缸里的鱼却毫发无损。”

看到这种情况，我知道无法隐瞒下去了，只好把经过告诉了妈妈，承认是自己摔碎了鱼缸。

妈妈听完我说的话，语重心长地对我说：“晓雪，不管发生什么事情，妈妈都希望你是诚实的，而不是用谎话来欺骗妈妈。妈妈知道你这次清洗鱼缸本来是想做件好事，但是却没想到自己把鱼缸打碎了，这时你应该做的就是勇敢地站出来，承认自己的失误并主动承担责任，而不是撒谎。你知道吗？”

我低下头说：“妈妈，我知道错了，我不应该为了怕挨批评而撒谎。”

妈妈摸着我的头说：“孩子，你知道吗？诚实对于一个人来说是非常重要的，任何一个人都不希望自己的朋友和家人用谎话来欺骗他。一个喜欢说谎的人是没有朋友的。”

女儿，你知道在人们心中最注重的品德是什么吗？那就是诚实。诚实是一个人最宝贵的品质，它是做人之本，也是你取得人生成功的必备品质。

你还记得华盛顿砍樱桃树的故事吗？华盛顿砍倒了父亲最心爱的樱桃树，他知道自己肯定会受到父亲的批评，但仍然勇敢地承认了错误。这种诚实的品格是多么珍贵。所以，华盛顿的父亲知道这件事情后并没有批评他，反而表扬了他的诚实。华盛顿的父亲说："一千棵樱桃树也比不上诚实的珍贵，所以爸爸原谅了你！"妈妈讲这个故事也是希望你能明白，妈妈宁可损失一千个鱼缸，也不愿意听到你说一句谎话。

妈妈为什么这么强调诚实的重要性，那是因为只有诚实的人才能立足于社会，才能得到他人的信任和理解，也才能够交到更多的朋友，获得更多人的支持和合作，获得更多成功的机遇。你想一想，在生活中你是愿意和一个诚实的人交朋友，还是愿意和一个经常说谎的人交朋友？这种选择不言而喻，所以说诚实是一种美德，不但能给人以信赖感，让人容易亲近，而且还能为自己的事业带来莫大的益处。

对于一个人来说，诚实与不诚实，他的人生会有天壤之别。诚实的人最终将会受到人生的奖赏；而不诚实的人，最终等待他的只能是他人的唾弃和人生的失败。妈妈希望你能做一个诚实的人，在生活中，不管面临什么情况和问题，都要勇敢地去面对，要以信用为重，不要做出那种只顾眼前利益而不顾将来的短视行为。而且，一个人一旦失去了他人的信任，再想获得信任那将难上加难。对于诚实，就像银行里的存款一样千万不要透支，当你的信用指数为负数时，你就再也没有资格和条件来使用它了，你说呢？

女孩要学会依靠自己

早晨起床，我发现衣服上的扣子掉了一颗，于是习惯性地喊了一声：“妈妈，我衣服的扣子掉了，您能帮我缝一下吗？”妈妈走过来，看了看我的衣服说：“缝扣子这么简单的事情，你应该学着自己去做，不要什么事都依靠妈妈。”

我拉着妈妈的手撒娇地说：“我不是不会嘛，您帮我缝上好不好？”妈妈说：“不行，你要学着自己的事情自己做，现在你去抽屉里找针和与你衣服颜色相近的线，妈妈教你缝。”

妈妈铁定心不帮我了，我只好自己找到针和线，在妈妈的指导下缝起扣子来，不一会儿我就把扣子缝好了，为了怕其他扣子也掉了，我一鼓作气把衣服上的扣子全部重新缝了一遍，给每颗扣子都加固了一下。不过别说，缝完之后还真有成就感。我高兴地拿着自己缝好扣子的衣服向妈妈展示。妈妈笑着说：“做得不错。”

我也兴奋地说：“那当然了。”

“怎么样,是不是依靠自己的能力做好后,才更有成就感呀？”妈妈说。

我想了想说：“妈妈，您说得对，这样不但很有成就感，而且还能锻炼自己。以后遇到事情后我会自己想办法去做好的，您就等着看女儿的超强能力吧！”

“好！妈妈相信你永远都是最棒的！”妈妈鼓励我说。

女儿，你虽然已经上了初中，成为大姑娘了，但是，妈妈发现你对父母却仍然很依赖，遇到问题不想办法自己解决，第一想法就是去找父母来帮忙。这种依赖的心理对于你的成长是极其有害的，这样往往会让你失去自我，不能形成自己独立的人格，不仅生活自理能力差，而且很容易产生从众心理，没有自己的主见。所以，为了培养你的独立能力，你必须要学会依靠自己，凭借自己的力量解决问题。

在生活中你要学会自己的事情自己做，比如收拾自己凌乱不堪的书桌、卧室等力所能及的事情，都要学着主动去做。当你通过付出自己的汗水来获得你想要的东西时，会让你深切地体会到成功的喜悦。

妈妈希望你能勇敢地完成自己的任务，独自去解决各种难题。任何时候面对困难都不要选择放弃，你要相信自己是有能力完成的，大胆尝试你认为自己不可能完成的事情，你会发现你自己是可以成功的。

如果遇到依靠自己的力量解决不了的困难或问题时，你可以请求父母的帮助。你要知道，无论什么时候我们都会帮助你，但前提是我们只能为你引路，不能替代你走路。

女儿，不论成功还是失败，妈妈都会一样爱你，都会在你身边一直支持你。

拥有一颗责任心

“晓雪，都几点了，还不起床。”妈妈一大早就开始叫我。

“今天是周末，您就让我多睡一会儿吧！”说完我又用被子蒙上头，把妈妈的叨唠声隔绝在被子之外。

“晓雪，再不起来妈妈可要掀被子了。”

“妈妈我还困着呢，不想起床！”

妈妈掀开我的被子说：“妈妈的手刚洗完菜，特别凉……”一想到冰冷的手要伸进我温暖的被窝，还没等妈妈把话说完，我就赶紧坐起来说：“我起还不行吗？您可千万别摸我。”

“这还差不多，别忘了今天你的任务是整理好自己的房间。外面下雪了，一会儿，你负责把自行车上的积雪清扫干净，然后推到地下室里去。知道了吗？”

“妈妈，我今天还要写作业呢，实在是没有时间，您帮我打扫卫生吧！”我可不想大周末一起床就打扫卫生。

“不行！”妈妈一口就拒绝了我，“把自己的房间打扫好，承担一些家务，是作为家庭一分子必须要负的责任。不要整天想着偷懒，你都这么大了，要学会自己的事情自己做，不要找任何借口。”“我每天学习很累。”我继续找理由推脱。

“学习累了正好帮妈妈做家务，放松一下心情。”妈妈说，“今天妈妈上午有事，中午回来再检查你的劳动成果。”

中午妈妈回来后，一进门就喊：“晓雪，自行车怎么还放在外面？”

我一拍头说："对不起，我给忘了。"

"你的责任心太差了。"妈妈说。

"这跟责任心有什么关系，不就是忘了推自行车吗？"我不服气地说。

"交给你的任务，你没有好好去完成，这难道不叫没有责任心吗？"妈妈反问我。

"知道了，下次我注意还不行吗？"自知理亏的我赶紧说，"我现在就去把自行车推进地下室。"

女儿，你知道吗？任何大事都是由一件件小事构成的，因此要想成就大事，就要学会把生活中的小事做好。推自行车这件事看起来是件小事，但是它能反映出你是否有责任心。有时，一件微不足道的小事就能改变一个人的人生。

美国标准石油公司曾经有一个小职员，平时他不管是填写各种收据、发票，只要签名，他就会在名字下方写下"每桶标准石油 4 美元"这几个字。为此，同事们还给他起了一个外号叫"每桶 4 美元"，渐渐，他的真名反而没人叫了。这件事情被公司的董事长洛克菲勒知道后，感到十分惊奇，于是决定见一见这个如此努力宣传公司的小职员。洛克菲勒便邀请这个小职员共进晚餐，卸任后他还把公司董事长的位置交给了这个小职员。

看起来，签名时写上"每桶标准石油 4 美元"是件小事，但是他却坚持把这件小事做下去，并且还把它做到极致。正是这件小事让董事长看到了他对公司有着一颗强烈的责任心，这颗责任心最终使他成为董事长。所以说责任无小事。

女儿，你不是一直说将来自己要做大事吗？但是你想想看，一个人连小事都做不好，又怎能做好大事呢？责任心不仅包括把自己分内的事情做好，还包括关心家人，照顾他人。除此之外，你还要知道，一个人必须要对自己做过的事情承担责任，不管遇到的是好事情还是坏事情都不要推卸责任。比如，平时妈妈让你在家里帮忙干活，你总是喜欢找借口说“我学习很忙，没时间”之类的话，这就是没有责任意识的表现。

通过一个人责任心的大小，还可以看出他在学习和生活中的态度，这也决定着一个人是否能够成功。

把简单的事情做好就是不简单。在这个世界上，很多人之所以能够成功，并不是因为他们拥有超人的智慧，而是因为他们拥有一颗比别人更强烈的责任心。播种行为，收获习惯；播种习惯，收获命运。所以，从现在开始你就要学着培养自己的责任心，学着对自己的事情负责，不管事情大小都要把它做好，做到位。只有这样，将来长大了，你才更有能力、更有机会去追求你的人生。

做事情要有始有终

周末在家，妈妈决定给我包饺子吃，这可把我高兴坏了，因为我最喜欢吃的就是饺子了。不过除了吃饺子，我还有个任务就是负责擀饺子皮。

刚开始的时候我还干得很起劲，可是没过一会儿，我就觉得有些累了、有些烦了。起身看看盆里还剩有大半盆肉馅的时候，我心里想一时半会儿也做不完，于是便有了想溜走的念头。我说：“妈妈，我休息一会儿再接着帮您擀饺子皮行吗？”

“不行。”妈妈一口回绝了我，“上次你说帮妈妈收拾屋子，结果才收拾了两个房间，就不见了踪影。还有，上次你洗衣服，洗了一半，就去看电影了……这次你必须把自己手中的活做完了，才可以去做其他事情，休想找借口溜走。”

看到妈妈识破了我的诡计，我只好说：“好吧，好吧，这次我干完活再休息。”

妈妈看着我一脸不情愿的样子，语重心长地说：“晓雪，你知道做任何事情都要有始有终，既然开了头，就要好好做下去，直到结束。否则养成了虎头蛇尾、半途而废的坏习惯后，是很难改回来的。干事干一半，没有长性的人是不会将事情做好的。所以在日常生活中你一定要让自己养成有始有终的好习惯才行。”

听了妈妈的话，我低着头说：“妈妈，我知道错了，我以后会努力改掉这个坏毛病的。请您监督我吧！”

“好！妈妈相信你一定能够很快改正的。加油，晓雪！”妈妈鼓励我说。

我笑着回应妈妈：“加油！我会做一个做事情有始有终的好孩子的！”

女儿，为了更有效地让你改掉做事半途而废的坏毛病，妈妈总结一下你在平时容易出现的问题。例如，你在做某些事情的时候，可能刚开始的时候觉得很好玩，可是一旦失去了最初的新鲜感，你就不想再继续做下去了。有的时候则是发现了其他更有趣的事情，你会很容易丢下手中的事情，去做另一件事情。还有就是在你遇到困难和挫折时，容易失去耐心，从而半途而废。这些事情都充分说明你做事时缺乏耐心和毅力，所以今后再遇到类似的情况后，希望你能够静下心来想一想，鼓励自己一定要把事情做完，然后再做其他的事情。

为什么妈妈要让你做事情有始有终呢？那是因为这是一个人应该具备的优秀品格，同时它也是成功的关键。为了让你更深刻地了解它的意义和重要性，我给你讲一个小故事。

古希腊有一个大哲学家叫苏格拉底，一天他对他的学生们说："今天我们学一件非常简单又容易做的事，那就是每人把自己的胳膊尽量往前甩，然后再往后甩。"说完，苏格拉底为学生们示范了一遍动作。"从今天开始，大家每天把这个动作做 300 下，能做到吗？"听了老师的话，学生们都笑了，心里想，这么简单的事有什么做不到的？过了一个星期后，苏格拉底问学生："谁坚持每天甩 300 下了？"这时只见班里的学生全部齐刷刷地举起了手。一个月过去后，苏格拉底又问，有哪些同学坚持每天甩手，这次有 80% 的同学骄傲地举起了手。一年之后，苏格拉底再一次问班上的同学说："请告诉我，有谁还在坚持做最简单的甩手运动？"这时，只见整个教室里只有一个学生举起了手。这个学生就是柏拉图，他后来成为了古希腊又一位伟大的哲学家。

由此可以看出，成功只属于那些做事情能够持之以恒、有始有终的人。只有这样的人才能实现自己的梦想，所以妈妈希望你以后无论做什么事情，都要把自己手中的事情认真地完成，然后再做其他的事情。只有这样，你才能获得成功的青睐。

第九章　处世交友，你需要学会的交友技巧

青春期的每个女孩都希望自己能够受到大家的欢迎，能够拥有更多的朋友。她们渴望友谊，希望更多人能喜欢自己。可是有的时候，很多女孩却不知道该如何与人交往，不知道该如何处理在交友过程遇到的问题。这时妈妈要告诉她们，该如何为人处世，如何与不良朋友划清界限，当和朋友遇到矛盾时该如何处理让她们懂得什么才是真正的友谊，让她们在和朋友交往的过程中学会包容、学会珍惜、学会拒绝、学会用心去交朋友，让友谊之花根植于她们的心底，伴随她们的一生。

与人交往从微笑开始

今天回家后妈妈责怪我，为什么在买水果时要冷脸对待街边那个卖水果的阿姨。

我理直气壮地反驳妈妈："我又不认识她，为什么要对她微笑？"妈妈语重心长地说："晓雪，微笑是不需要任何理由的。"

接下来妈妈又给我讲了一个有关微笑的故事：

从前有一个年轻人总是闷闷不乐，他认为自己是世界上最倒霉的人，因为没有人喜欢和他交谈或者做朋友。后来他忍无可忍，找到当地最有声望的一个智者。年轻人问道："怎样才能让我变得快乐，怎样才能让我交到朋友？"

智者笑着回答说："请你学会对每一个人微笑！"

这个年轻人不解地问："为什么要微笑，我没有理由要微笑呀？"智者说："一个人微笑并不需要任何理由，只要照着我的方法去做，自然就会得到你想要的东西了。"

这个年轻人离开后，开始试着对他遇到的所有人微笑，他把微笑送给小区门口的警卫和邻居，并且微笑地和他们打招呼，他发现曾经对他熟视无睹的那些人开始以同样真诚的微笑来对待他，他感到十分高兴。

接着他又试着对工作中遇到的每一个人微笑，作为公司售后人员，他甚至不厌其烦，用微笑去接待每一位来公司的拜访者，倾听他们的牢骚，帮助他们解决问题。他发现，微笑不仅给自己带来了更多的收入，而且还让他认识了很多朋友。他的同事和他成为朋友后坦言："我最初认识你的时候，觉得你是一个冷冰冰的人，因为我们从来没有见你微笑过，只是板着脸对待所有人,让我们不敢亲近你。直到最近我们才改变了自己的看法，因为我们觉得你的微笑就像灿烂的阳光一样,让我们不由自主地想亲近你，成为你的朋友。”

朋友的话终于让这个年轻人明白了微笑的重要性。他再也不吝惜他的微笑了，他把微笑不仅送给他所有熟知的人，还把微笑送给他遇到的所有陌生人，如公园里晨练的老人，天真无邪的孩子，卖报的阿姨……甚至还把微笑送给那些曾经辱骂过他的人。他发现微笑让他收获了很多，既有别人的赞美、尊重、信任和感激，也有一些人的歉意和自责。微笑让这个年轻人体会到了人间最美好的感情，让他拥有了更多朋友，让他变得更加快乐自信，也让他更愿意付出自己的微笑。

故事说完后，妈妈意味深长地说 :“晓雪，现在你知道为什么要微笑了吗？”

我回答说:“因为我们的生活需要微笑，微笑会给我们带来很多收获。”

妈妈听了，笑着说 :“不仅如此，微笑还是与人交往的基础，还是你快乐的源泉，你明白了吗？”

我点点头，看来从现在开始，我就要努力学着对每一个人微笑！

女儿，妈妈希望你能明白微笑对于我们每个人都非常重要。对于微笑有人曾写道 :“如果你需要，可以拿走我的食物，拿走我的空气，但是千万不要拿走我的微笑,因为正是有了微笑,才让我们的生活充满了生机。”

微笑不仅包含着亲切友善，还包含着自信的力量。当你困难失意沮丧时，不妨笑一笑，你会发现微笑能为你驱散心头的阴霾，让你重新鼓起战胜困难的勇气，让你在与困难的斗争中取得胜利。

微笑还是对同学或者朋友的一种激励和肯定，当他们遭遇失败，你善意的微笑会给他们以慰藉和力量。当朋友成功时，你的微笑则是对他们的赞许和自豪。

微笑还能化解在与他人交往过程中的矛盾和尴尬，能够让你缓和紧张的气氛，让你化解很多不愉快的事情。微笑还能减少隔阂，拉近你和陌生人的距离，增加他人对你的信任，为你打造一座沟通的桥梁。微笑还是一个人风度的体现，是一种良好人格的体现，它还是你赢得成功的有利法宝，所以我们每个人都不要吝惜微笑。人和人之间的关系是相互的，只有你对他人真正微笑，才能换来他人对你的微笑。微笑的人不会感到孤独，微笑的人不会感到冷清，微笑的人能把自己的生活点缀得更加丰富多彩。所以妈妈希望你能微笑地面对生活，微笑地面对一切，希望你能成为快乐的人！

懂礼节的女孩才美丽

周末，妈妈的同事李阿姨领着她的女儿来我家拜访。这让我非常高兴，因为李阿姨的女儿小芳跟我的年龄差不多大，长得很漂亮，我心里想总算有个人能和我一起玩了。可是接下来发生的事却让我越来越不喜欢小芳了。

我把小芳领到我的房间里，让她看我最喜欢的漫画书，她接过书后连声“谢谢”也不说，就开始低下头去看书，不再理我。正当我觉得无趣的时候，小芳突然抬起头冲着门外喊道：“妈妈，你们说话不能小声点吗？

吵死了！”只见李阿姨尴尬地笑了笑，把声音压低了很多。

中午，妈妈和李阿姨带我和小芳一起去饭店吃饭，结果几个菜刚被服务员端上桌，还没等其他人动手，小芳就迫不及待地伸出筷子开始吃，最后还把喜欢吃的菜放在自己面前，旁若无人地吃起来。这时李阿姨不好意思地说："看看我这女儿，被我们惯得都不成样子了。"

妈妈连忙摆手说："没关系，小孩子嘛！"

还没等我们吃完，小芳就已经吃饱了，不耐烦地对她妈妈说："你们快点吃！慢死啦！"

吃完午饭我和妈妈回到家中，我对妈妈抱怨："没有礼貌的孩子真不让人喜欢。小芳不仅没有礼貌，还喜欢乱翻别人的东西，她看完我的漫画书后，没有经过我的同意就随便打开我的抽屉翻我的东西。"

妈妈说："你这次知道懂礼貌、讲礼节的重要性了吧，一个不懂礼貌的小女孩即使长得再漂亮也不会受到大家的欢迎和喜爱；相反，一个懂礼貌、讲礼节的孩子则更容易被人接纳，受人喜欢。所以说知书达理的女孩才是最美丽的。不过你也不要光看到别人的缺点，也要从自己的身上找不足，看看自己有没有犯过同样的错误，知道了吗？"我点点头说："知道了，我可不想做一个没人喜欢的女孩子！"

一个讲礼节、有风度的孩子在社会上往往更容易被其他人接纳，要想自己成为一个知礼节、懂礼仪的高雅淑女，就需要知道一些最基本的礼节知识，从日常生活中的一点一滴做起。女儿，虽然你在平时做得还算不错，但是仍然需要再系统地了解一下日常的基本礼仪。这样你可以通过对比，发现自己还有哪些不足，从而加以改进。

妈妈先给你说一下什么是待客之礼。每当客人来家中拜访时，应该面带微笑，主动和客人打招呼，向客人问好。客人进屋后你作为家中的小主人，应当热情招待客人，为客人端茶倒水。当客人与父母交谈时，不要随便插嘴或者大声吵闹，等客人询问你的时候，你再回答。

如果有小客人，你要热情招待小客人，大方地拿出自己的玩具和大家一起玩。当客人要走时，应该和父母一起送客，并且主动对客人说“再见”“慢走”“欢迎下次再来”等礼貌用语。

如果是你去别人家做客，除了进门向主人问候外，当主人端上水果、糕点或者茶水招待你时，你要先道谢，然后再用双手去接。作为客人，你还需要注意的是不要随便去拿主人家的物品，更不能随便去打开主人家的冰箱或者衣柜等。如果想看主人的物品或者玩具，一定要先征得主人的同意，在看过或者玩过之后，记得要把东西放回原位。临走的时候记得要向主人道谢，说“再见”。

在吃饭的时候，要等长辈入座后再入座，在拉椅子时避免发出刺耳的声音；注意不要用筷子敲打碗盘，长辈动筷子后，你们才可以动筷子；要小口进食，在咀嚼时不要发出声响；不准狼吞虎咽，把嘴里填得满满的；在夹菜和喝汤时动作要轻、稳；不要把菜、汤或者饭粒洒在桌子上；也不要光吃自己喜欢吃的菜；对于自己够不着的菜可以让旁边的长辈帮着夹；绝对不允许用筷子在菜盘中乱翻乱挑或者用筷子指向别人；不要把自己不喜欢吃的东西和吐出来的一些骨头残渣等扔在地上，而是要放在主人为你准备的碟子或者餐巾纸里。夹菜盛饭时要根据自己的饭量适量而行，切不可贪多，最后要把自己碗中的饭菜吃干净。吃完后要记得向主人道谢，帮助主人收拾碗筷。

另外，打电话时，也要注意电话礼仪，接电话的时候要说“你好”“请问”等礼貌用语，挂电话时要说“再见”。给别人打电话时，要注意先报上自己的名字，然后再说明你要找的人。在公共场合，注意不要大声喧哗。在平时与人交往时注意多用“你好”“请”“谢谢”等礼貌用语，时刻注意自己的举止是否大方合体。只有这样，才能让你逐渐养成良好的习惯，成为一个懂礼节的女孩子。

拒绝别人也是一门学问

我有的时候有些痛恨自己，因为我从来不知道该如何拒绝别人。丹丹总喜欢向我借笔、橡皮、小刀之类的学习用具，但是她从来都不归还，可是我就是鼓不起勇气向她追要，因为我怕伤害我们之间的友情。小南总喜欢找我替她做值日，她每次找我帮忙的时候都会对我说：“你人最好了，你是我最好的朋友，帮帮我好吗？”每次我总是不情愿地答应，因为我知道我的好心只是让她腾出时间去找朋友玩，可是我却不知道应该怎样拒绝。每次有人求我帮忙，即使要求不合理，我也会因为面子问题无法拒绝，但事后又后悔当初没有说“不”。

我把这个苦恼告诉妈妈后，妈妈对我说：“在生活中，如果有人向你提出不正当的要求时，你要学会拒绝，学会说‘不’。”

“可是我怕拒绝别人后，让他们产生不快，从而影响我们之间的关系。”

“如果你态度真诚，语言婉转地向他们拒绝，而不是冷冰冰地说‘不’，相信可以把朋友遭到拒绝后的不快心情降到最低，并且还能得到对方的谅解。”

“真的吗？”

“当然是真的，等下次再遇到他人不合理的请求时，你要坚决果断勇敢地说‘不’。如果是对朋友或者同学，你不想因此而破坏你们之间的关系，可以试试妈妈说的这个办法——用委婉的语气拒绝对方。”

在妈妈给我忠告后的第二天，小南又来求我帮她做值日，这次我咬了咬牙，鼓起勇气对她说：“小南，如果你真的有很重要、很着急的事情，我很愿意帮助你做值日，可是我知道每次你都是为了和朋友一起出去玩。其实你只要根据值日表学会合理安排时间，也可以和朋友一起出去玩。我每天也有很多自己的事情要做，希望你能理解我。”

小南听了之后有些脸红，没说什么就走了。我知道她以后再也不会无缘无故找我帮她做值日了。

我很高兴自己终于学会了拒绝。

拒绝是一个人必须要掌握的一项重要交际技巧。但是有的人却因为怕伤害彼此之间的感情而不知道该如何拒绝，所以说拒绝别人也是一门学问。在我们和各种各样的人打交道时，对于对方合理的要求而且我们能够做到的，可以答应他们；如果是不合理且不正当的要求或者是超出我们能力范围的，就要学会拒绝。拒绝虽然是一件让对方不快的事情，但是学会巧妙地、婉转地拒绝，不仅可使这些不快降到最低限度，而且还能得到对方的谅解。所以，学会一些拒绝的技巧对你来说十分重要。

当你的朋友或同学向你提出要求时，你要学会倾听，倾听能让对方感觉自己受到了尊重，而且也能让你听清楚对方的要求到底合不合理。当你倾听了对方的要求并认为自己应该拒绝的时候，不要冷冰冰地直接说“不”，而是要用温和的态度委婉地表达你也爱莫能助，或者可以针对他的情况提出有效的建议或者替代方法，相信对方仍然会感激你的。

拒绝的时候需要注意的是，要态度诚恳地说出你拒绝的理由，不要让对方觉得你因为自私傲慢而不肯帮忙。例如，周末有同学邀请你出去玩，可是你已经约好了其他朋友。这时有两种态度，第一种态度是委婉地告诉同学："不好意思，今天我和朋友已经约好了。这样吧，等有时间了我再约大家一起出去玩。"第二种态度是生硬地告诉对方："不行，今天我很忙，有朋友来我家，哪有时间出去呀？"你想想看，这两种说法哪一种更容易让对方接受，哪一种会让对方不高兴。所以在拒绝的过程中一定要注意说话的技巧。

还有就是如果对方提出的要求具有一定的合理性，但是由于条件限制，你没有十足的把握可以解决，这种情况下也不要一口答应对方，因为一旦答应后，你却发现自己很难办成，根本达不到对方的要求时，会给人一种说话不算数的印象，反而会伤了你们之间的友谊。因此在碰到这种事情后，如果你想帮助他，就要把丑话说到前头，可以对他说："我可以试试看，但不一定能成，你要有这种心理准备。"

对于那种涉及原则和法律的不正当要求，你一定要毫不犹豫地坚决拒绝，并告诉对方利害关系，当他知道你的拒绝确实是为他好时，如果是个通情达理的人相信他会理解你的。但是如果他对你的劝告置之不理，仍然对你怀恨在心的话，说明他并不是你真正的朋友，即使失去这样的朋友也没有什么可惜的。

总之，在拒绝的过程中，你是真正地重视和关心对方，还只是敷衍了事，这些其实对方都是能看到的。所以，只要你是真心诚恳地拒绝对方，相信对方一定能体谅你的苦衷。妈妈希望你能在现实生活中学会拒绝这门学问。

怎样和老师和睦相处

最近我很烦恼，因为我被英语老师批评了一顿，原因是上课时我光顾着和同桌讨论练习题而没有认真听老师讲课。之后我就对我们的英语老师产生了畏惧心理，感觉她太严厉了，平时也很少对我们笑。再加上她经常喜欢提问我一些特别难的问题，一旦我答不上来，她就会责备我说："平时要多注意复习，把知识巩固好，知道吗？"所以即使有了什么问题，我也不敢去问老师，怕挨骂。

晚上写作业时，我又遇到了自己不会做的问题，于是就叫妈妈来帮忙。妈妈看了一会儿说："妈妈也不会这道题，明天去学校问问你们的英语老师吧！"

我说："算了吧！我们的英语老师太厉害了，我可不敢问她！"妈妈有些诧异地说："问问题跟老师严不严厉有什么关系？"随后妈妈似乎想到了什么："哦！我明白了，你是怕问问题时老师责怪你对吗？""我们的英语老师总是不苟言笑，对我们也特别严厉，所以班上的同学都特别怕她，我不敢去问。"

妈妈对我说："傻孩子，哪个老师不希望自己的学生认真学习呀！你问老师问题，老师不仅不会责怪你，还会觉得你是一个好学的学生，怎么会责怪你呢！所以你相信妈妈，明天大胆地去问老师，你就会知道答案了。"

我点点头说："好吧！"

第二天我去办公室问英语老师问题时，果然老师没有责备我，而是非常耐心地给我讲解，还鼓励我以后要更加努力学习。从办公室走出来之后，我终于知道妈妈说的话是正确的，老师原来根本没有我们想象的那么可怕。经过接触后，我还感觉其实英语老师是个很容易亲近的人，只是平时对我们严厉了一点而已。我想了想,老师对我们严厉也是希望我们能学好，看来是我误解了老师。

女儿，看到你能明白老师的苦心，我很高兴。在学校中很多学生都不知道该如何跟老师相处，有的学生过于畏惧老师，有的学生则喜欢和老师作对,这些做法都是不正确的。要想和老师和睦相处,首先要学会尊重老师。你想想，老师每天都要花费许多心血为你们备课、上课、批改作业，将自己的知识毫无保留地传授给你们，目的是为了让你们懂得更多的知识，但是你们却上课搞小动作、说话、不好好听课，下课也不认真完成老师留的作业，有时背后还说老师坏话，你觉得这些是对老师的应有尊重吗？你们不尊重老师的劳动成果，老师当然会生气了。所以，人与人之间的尊重是相互的，你尊重老师，老师自然也会尊重你。

对于老师，完全不必产生畏惧感，只要你认真学习，不违反纪律，老师不会平白无故责备你的。即使犯了错误，只要你勇于承认，及时改正，相信老师也不会因此对你有成见的。千万不要因为老师严厉、受到过老师的批评就害怕那位老师。

作为老师不管是知识水平还是阅历方面都要比你们丰富得多，所以遇到问题后要虚心向老师求教。除了在课上积极提问之外，在课下如果有什么问题也可以及时和老师沟通，即使不是学习上的问题，生活中遇到了困难和烦恼也可以向老师倾诉，相信老师也会为你指点迷津的。只有敞开心扉和老师交流、沟通，老师才能更好地了解你。慢慢地你就会发现，老师其实是一个很好的良师益友。

当然，人无完人，老师也不是那么完美的，如果你发现老师出现错误，可以寻找适当的时机，委婉地向老师提出意见。如果碰上那种特别爱面子的老师，不要在课堂上当众指出他的毛病令他难堪。因为不管怎么说，老师都是长者，作为学生应该以对待长者的态度来对待老师，不要伤害老师的面子和自尊心。如果被老师冤枉或者误解了，要找个机会心平气和地向老师解释或者阐述一下事情的经过，而不是在冲动之下和老师吵架顶嘴，因为吵架不但不利于问题的解决，反而会恶化你和老师之间的关系。

在和老师相处的过程中要注意尊重老师，不卑不亢。切不可为了得到老师的喜欢和重视而故意讨好老师，或者向老师打其他同学的小报告，用其他同学的错误来讨好老师，这只会让你失去同学之间的信任。只有在尊重和理解的基础上和老师和睦相处，和老师成为朋友，才能在学习和生活中受益匪浅。

与朋友交往要学会倾听

课间小雅正在向我们讲她回老家后在海边的所见所闻，因为她讲得十分有趣，再加上我们大部分人没有去过海边，所以大家一直都在她旁边兴致勃勃地听她讲故事。

正当我们听得带劲儿时，有个不和谐的声音打断了小雅：“你们真是孤陋寡闻，连大海都没见过，我们家人每年暑假都会带我去海边旅游。”大家抬头一看，原来是我们班最喜欢对人冷嘲热讽的时尚达人莉亚。

大家看了莉亚一眼，都没有说话，而是继续听小雅给我们讲和叔叔一起出海的故事。这时莉亚又打断了小雅的话："坐渔船有什么了不起，上次去海边我还坐过游艇呢！豪华游艇你们有没有见过？那才叫气派呢！"

小雅接着说："我们出海时，在蔚蓝的大海还看到海豚跃出水面，真是太漂亮了！我叔叔说碰上海豚的机会真的是很难得的。"这时莉亚又插进来说："想看海豚去海洋馆就可以看到，我上次还见过鲸鱼呢……"

莉亚一次又一次地打断我们，让我们真的很生气，这次还没等她说完，我们就异口同声地说："闭嘴！"

莉亚听了之后撇撇嘴说："你们真是老土，竟然喜欢听这种无聊的故事！"

这时，小丽忍不住反驳她说："如果你不想听，可以离开，请不要打扰我们。"

莉亚说："有什么了不起的？"之后就悻悻地离开了。当我们认真听完小雅的讲述后，小雅站起来微笑着说："谢谢你们能倾听我讲故事，让我觉得自己似乎并不那么孤单。"

我们连忙说："以后有什么事，都可以向我们倾诉，我们都是你的朋友。"

小雅说："谢谢，很高兴能和你们成为朋友。"

今天我很高兴又交了小雅这样的好朋友，不过莉亚这种总喜欢打断别人谈话、表现自己的行为真是不招人喜欢，看来与朋友交往一定要学会倾听才行，否则会让人讨厌的。

莉亚这种不认真听别人说话、总喜欢打断别人、只注重表现自己的行

为确实是一种不礼貌的行为，如果不改正的话，她可能会失去更多朋友。所以，学会倾听是与朋友交往中必须学会的。

曾经有这样一个故事，讲的是一位外国的使者向国王进献了三个一模一样的小金人，但是他又向国王出了一道难题，就是让国王分辨出哪个小金人最有价值。国王于是找来懂得珠宝的工匠前来鉴定，结果经过检查发现，这三个小金人不管是做工还是重量都是一模一样的，这下国王可为难了，到底怎样才能分辨出来呢？这时有个大臣说他有办法，于是国王把使者请到大殿上。只见这位大臣不慌不忙地拿出一根稻草，把它插入第一个小金人的耳朵里，这时只见这根稻草很快就从另一个耳朵里掉出来了；当稻草插入第二个小金人的耳朵里后，稻草又从嘴巴里直接掉出来了；当这位大臣把稻草插入第三个小金人的耳朵里后，稻草再也没有掉出来，而是直接掉入小金人的肚子里，这时这位大臣胸有成竹地说："第三个小金人是它们之中最有价值的那个。"使者听后心悦诚服地说："这个答案是正确的。"这个故事告诉我们，上天既然给了我们两个耳朵和一个嘴巴，目的就是让我们多听少说，最有价值的人往往不是那个能说的人，而是那个最善于倾听的人。

所以，要想成为一个优秀的人，首先要学会倾听，一个善于倾听的人，才会有人乐于向你倾诉，才会更容易交到朋友。试想如果一个不善倾听的人，别人刚刚开口，他就一句话把人顶回去了，久而久之就会没人再找他交谈、沟通了，这样的人怎么会交到朋友呢？所以说学会倾听是加强人与人之间沟通和了解的最好途径。通过倾听，你还能了解对方的看法和心中的困惑，或许还会让你得到一些人生启迪。当你真心实意地了解别人的困惑和问题后，再想办法帮对方解决，会使对方更加信任和尊重你，把你当成她的知心朋友。

学会倾听不仅是对说话者的尊重，也是自身良好修养的一种表现，学会倾听不仅会让你得到更多的朋友，在今后学习和工作中还会有助于你踏上成功的阶梯，从优秀走向卓越。

被朋友误解时怎么办

我最近心情很不好，因为我被最好的朋友小丽误解了，这让我十分委屈。事情是这样的，这次数学考试，我考得出奇好，本来我挺高兴的，觉得自己的努力没有白费。晚上我很开心地上网和班里的同学聊天，这时我看到小丽也在线上，于是就和她聊了起来。

小丽给我发了一个哭脸的表情，说她这次考得不好。

我立刻回了一条信息，安慰她说："这次你考得已经很不错了，我的同桌王小光考得还没你好呢！你这已经是超水平发挥了。"没想到因为这句话就把小丽给得罪了，小丽回复说："晓雪，你太过分了！就因为你这次考得好就看不起我了，什么叫超水平发挥了？你等着，下次考试我一定考个满分让你看看。"

我一看就知道小丽误解了我的意思，连忙回复说："你误会了，我不是这个意思。"本来还想向她解释解释呢，没想到小丽一气之下就下了线，再也联系不上她。

第二天，小丽上学的时候也没有理我，只是很冷漠地从我身边走过去，这让我感觉很难过，心里很烦躁，我觉得我本来是好意安慰她，没想到她却误解了我的意思，使事情变成了这个样子。

妈妈看到我最近总是闷闷不乐的，便问我："晓雪，怎么了？是不是遇到什么烦心事了？”

我委屈地说：“小丽不理我了，那天数学考试，她觉得自己考得不好，但是我觉得她那次考试已经发挥得不错了，于是安慰她，但是她却误会了我的意思，认为我是瞧不起她，所以最近她都不理我了。这让我很伤心，可是我又觉得自己没有错，感觉受到了伤害，很委屈，却又不知道该怎么办！”

妈妈说：“既然她误解了你的意思，你就应该想办法向她解释，只有解释清楚了，让她明白了你心中的想法，误会才能解除，你说是不是？”听了妈妈的话，我豁然开朗：“妈妈，我知道了，明天我就去跟小丽解释。我可以帮小丽提高她的数学成绩，把我用过的参考资料推荐给她看，相信她一定会明白我的好意的。”

女儿，看到你能想明白，知道该如何解决小丽误会的这件事情时，妈妈感到很高兴。因为交上一个好朋友并不容易，而伤害一个朋友往往就在一瞬间，所以希望你能珍惜朋友之间的友谊。当你被好朋友误解后，不应该逃避和埋怨朋友不理解你，因为处理不当也会让你们精心构筑多年的友谊毁于一旦。

有这样一个故事：一个年轻人和朋友一起结伴在沙漠中旅行，在旅行途中，他们因为一点小事吵了起来，这个年轻人被朋友打了一记耳光，他觉得很委屈，于是在沙子上写下：我的好朋友今天打了我一巴掌。

一天，这个年轻人在河边饮水时，不小心掉进河里，差点被淹死，幸好朋友把他救了上来。他拿了一把小刀在一块大石头上刻上：今天，我的好朋友救了我一命。

这时朋友好奇地问："为什么上次你是写在沙子上，这次却要刻在石头上呢？"

这个年轻人笑笑说："被一个朋友伤害时，应该写在容易忘记的地方，风会将它抹去；相反，如果得到了朋友的帮助，我就要把它刻在石头上，任何风都不能把它磨灭。"

朋友之间的伤害往往是无心的，但是帮助却是真心的，所以妈妈希望你能明白这个道理，能够铭记朋友对你的真心帮助，忘记朋友之间那些无心的伤害。如果被朋友误解，那可能是因为我们自己某些地方做得不恰当或者不到位而造成的，这时最好的方法就是真诚地去解释，对他说声对不起，然后告诉朋友你是多么关心他，让朋友明白自己的真心。

不管什么时候，当朋友之间出了问题都要想办法去解决、去沟通。即使一时沟通不了也不要难过和伤心，行动和时间会证明你的真诚。如果对方是你朋友的话，相信总一天他会明白你的心。如果对方无法释怀，那么说明他不会再成为你的好朋友，这时你就要学会坦然地面对事实。总之，朋友之间的交往最重要的就是彼此真诚地对待对方，如果不能如此，那不能算是真正的朋友。女儿，妈妈希望你能明白朋友的重要性，能够珍惜你身边的朋友。

与不良朋友划清界限

今天班主任一上课就教育我们一定要慎重交友，否则一旦交上不良朋友很容易受其影响，沾染上不良的习气，甚至还有可能走上违法犯罪的道路。我们正在奇怪老师为什么一上课就说起交友的事情时，接下来老师告诉我们学校最近发生的一件事：初二年级有两个曾经学习不错的学生因为犯了偷窃罪被公安机关逮捕了。我们听后吓了一跳，没想到他们这么小的年纪就成了少年犯，而且这件事情竟然活生生地发生在我们身边。

原来他们和一些社会上的不良青年交上了朋友，整天和这些朋友去网吧玩游戏，后来渐渐地开始逃学，把家长给的零用钱挥霍一空，没钱之后他们就开始想办法编谎话向家长要，后来被家长发现后，他们再也要不到钱了。于是这两个学生就在这些不良朋友的教唆下开始偷窃，前几天，他们在偷窃一辆电动车时被人发现送到了公安局。最后，老师语重心长地再次提醒我们，一定要和不良朋友划清界限。

下课后乐乐告诉我说："你知道吗，我认识那两个学生，在小学六年级时我还和他们是一个班的呢，其中一个还是我的同桌，那时候他们在我们班还真是不错的学生，很喜欢帮助别人。只是真没想到才过了两年他们就变成了这个样子。唉！感觉真可惜！"

我点点头说："看来交错了朋友真是害死人呀！"我搂过乐乐的肩膀真诚地对乐乐说："我为能有你和小丽这样的好朋友而感到高兴！"乐乐也颇有感触地说："我也是！希望我们的友谊永远不变，以后我们交朋友一定要互相提醒呀！"

我拍拍乐乐的肩膀说："放心吧！你要是敢交坏朋友，我一定狠狠地教育你一顿，然后再把你拖回家！"

乐乐不服气地对我说："放心，要是你交上坏朋友的话，我也会这样对你的！"

说完后，我们本来有些郁闷的心情终于变好了。有个真心关心自己的朋友真好！

女儿，朋友对于一个人来说是非常重要的，交一个好的朋友会让你终生受益无穷，而交一个坏的朋友则会祸害终生，所以在交朋友时一定要慎重。什么样的朋友才是好的朋友呢？孔子说过：“损者三友，益者三友。”

损者三友，第一种是见风使舵、溜须拍马之人，他们往往会为了达到某种目的或是为了从你身上得到某种好处而对你谄媚逢迎。这种人毫无正直之心，没有是非原则，根本没有真心对你，只是为了获利。第二种是那种当面永远是笑脸相迎、和颜悦色，可是背后却对你恶意诽谤，典型的两面三刀。这种人你一旦跟他交上朋友，以真诚的心对待他、帮助他，往往换来的却是背后说你的坏话，利用你对他的信任而谋取自己的私利。第三种则是那种只会说大话却从来不办实事的人。这种人天生一副伶牙俐齿，喜欢夸夸其谈，但是他只是说得好听，从来不在行动上付出。这几种朋友都是不良朋友，对他们要敬而远之。

那么，什么是益者三友呢？益者三友，第一种朋友是为人正直、坦诚，从来不会对你谄媚逢迎，有什么就说什么，在你困难的时候会向你伸出援助之手，在你犹豫不决的时候会给你真诚的意见，这是一种能够影响你人格的好朋友。第二种朋友是那种为人诚恳、不虚伪的人，他绝不会为了利益出卖朋友，是有诚信的人，这样的朋友也是最值得你信任的。第三种朋友就是见多识广、知识渊博的人，他能开拓你的眼界和思维，让你受益匪浅。

如果这些你还不是很明白，那么妈妈再简单地给你概述一下，那就是不要和那些不懂得分享、不遵守纪律，为人霸道、喜欢说脏话、爱嘲笑别人等有着不良行为的人交朋友。而是要和那些懂得分享、懂得合作、待人真诚、不虚伪、遵守规则等有着良好习惯的人交朋友。

当你和一个人交朋友时不要光看他说了什么，而是要看他做了什么。

但是别忘了，朋友之间是相互的，你只有付出了才会有所收获，你只有真心对待朋友，朋友才会真心对待你。妈妈希望你能学会分辨是非曲直，交上更多的好朋友！

做错了，如何向别人道歉

想到我刚和小丽解除了误会没几天，乐乐就和小丽吵架了。其实吵架也并不是为了什么大事。事情是这样的，乐乐用她攒了很久的零用钱买了一本非常漂亮但是有些昂贵的图画书，小丽看到后也爱不释手，于是便借来看。但是在小丽看书的过程中不小心把图画书中的一页给撕了一个口子。乐乐知道后很心疼，于是便责备了小丽几句，结果正好那天小丽心情不好，就和乐乐吵了起来。之后，两个人的关系就一直僵着，谁也不肯向对方道歉。这可急坏我了，怎么说我们三个人一直都是好朋友，她们这样我心里也不好受。

于是我提议小丽向乐乐道歉，没想到小丽却一口回绝了我："凭什么我向她道歉，明明乐乐也有错，本来还书的时候我已经说对不起了，可是她还得理不饶人，埋怨我把她的书给弄坏了。"

我于是又劝乐乐，乐乐想了想说："我是不会原谅她的，是她先把我的书给弄坏的，我只不过埋怨了两句，她就和我吵起来了，让我主动向她道歉是不可能的！"

我于是又找到小丽说："既然你们谁也不肯让步，那我可就不管了。小丽，难道你忍心看着我们好几年的友谊就因为一本书而完结吗？我希望你们能为我们的友谊想一想，多想想对方的好处。”小丽听了我的话说：“其实我知道是我先做错的，可是我又碍于面子，不知道该如何向乐乐道歉，你说我该怎么办呀？”

看到小丽认识到自己的错误，我高兴地说：“这好办，你就对乐乐说：‘对不起，把你的书弄坏是我的不对，我为那天发生的事向你道歉，请你原谅我！’或者你可以把你喜欢的图画书送给乐乐一本或借给乐乐看，来表达你心中的歉意，这些都是可以的。”

在我的劝说下，小丽终于鼓起勇气向乐乐道歉了，并且为了表示歉意，她还把一本自己珍藏的图画书借给乐乐看。

小丽诚恳的态度打动了乐乐，乐乐反而有些不好意思地说：“其实为这么一点儿事而对你生那么大气也是不应该的，我也向你道歉。”终于，我们三个好朋友又重新聚在一起了，真是太高兴了。

看到你们三个好朋友又重新和好如初，妈妈也为你们感到高兴。晓雪，你知道吗？其实我们每个人都会犯错误的，即使是我们成年人也不例外。很多人虽然自己做错了事情也感到很后悔，但是却因为自尊心的问题，不知道该如何道歉或弥补，结果让两个人的矛盾越积越深。所以，学会道歉对一个人来说是非常重要的。

道歉，对于一个人来说并不是什么耻辱的事儿，反而体现出一个人的真诚和深明事理。如果明明是自己做错了还强词夺理，只能显得自己素质低下。所以，一旦自己犯下错误就不要再为自己找借口。如果当时自己正处于愤怒和羞愧中，要先给自己一点时间，让自己的情绪慢慢冷静下来，想想自己在这件事情中到底做错了什么。要学会去换位思考对方的感情，也许有的事情在自己眼中看起来是件小事，而在其他人眼中则是件大事。

当认识到自己的错误时，就要准备向他人道歉了。在道歉时，注意态度要真诚，要专注，不要一边做其他事情一边向对方道歉，这样会让对方觉得你是在敷衍他，但是如果道歉言过其实、过于夸张，也会让对方觉得你没有诚意，甚至还会加深误会。因此你要挑选适当的时候，用诚恳的态度来表达你对朋友的歉意，这样才能够消除对方对你的不满。

除了直截了当地当面向对方表示歉意外，还可以用其他方式来表示心中的歉意。例如，你觉得对朋友的道歉有些说不出口，可以通过书信或者电子邮件的方式来表明你的歉意。

另一种方法就是求助于第三者，让他们帮助你向对方转达歉意。不管是哪种道歉的方式，最重要的是表示出你的真诚。有些错误并不仅仅需要从口头上来表示歉意，而应该以行动来表示。只有真正地改正错误，才是最实际、最真诚的道歉。

道歉的优点在于它能够缓解朋友之间的冲突，能够大事化小、小事化了，甚至还能化干戈为玉帛。处理道歉的事情，能够让你成长，让你变得更加成熟。凡事贵在真诚，妈妈希望你以后无论犯了什么错误，都能真心实意地向对方道歉，只有这样你才能得到对方的原谅，让你们重新成为好朋友。

第十章 学习之道，青春期让自己爱上学习

青少年时代本来应该是无忧无虑的时代，可是有的女孩在升入中学后，青春期生理与心理的巨大变化，常常会让她们措手不及，也给她们带来了许多压力和烦恼，以至于影响到她们的学习。这时需要做的就是培养她们的学习兴趣，让她们爱上学习，只有带着浓厚的兴趣和求知的欲望去读书，掌握一些学习方法，才会让她们达到事半功倍的效果。在提高学习效率和成绩的同时，也能有更多的空余时间去做她们喜欢做的事情，让她们轻松顺利地度过人生中最美好的中学时代。

女儿，今天你逃学了

“晓雪，你看这是什么？”小丽拿来两张纸片。

“哇！是电影票，还是3D的，你从哪里弄来的？”

“这是我好不容易才从我表哥手里‘抢’到的。”

“哇，好羡慕你！”

“你想不想去看？”

“当然想啦！”我点点头，“我很早以前就想去看3D电影，可是一直都没有机会。唉！不知道我什么时候才能像你一样能有这么好的运气拿到3D电影票。”

“别叹气了，现在不就有机会吗？我手里有两张票，咱俩可以一起去看呀。”

“真的吗？太好了！”听到这个好消息，我激动地跳了起来。

“你先别激动，有一个问题，就是这两张票是下午2点开始的，可是下午我们还要上课。如果去的话，就得逃学了。”小丽抛出了一个难题。

是呀！这下我也愁了，鱼和熊掌不能兼得，到底下午是去上课还是去看电影，我和小丽讨论了半天。中午的时候，我们终于决定下午逃学去看电影，对于我们来说3D电影的魅力当然要比上课大得多。我和小丽想办法分别向老师请了病假，下午我们俩便偷偷地从学校溜出来。在去看电影的路上，我和小丽都有些提心吊胆，生怕被熟人看到，直到坐到电影院的坐椅上，我们才长舒了一口气。看完电影后，我和小丽都不敢马上回家，一直等到放学的时间才回到家中。

一进家门，没想到妈妈张口就问：“晓雪，今天逃学去哪儿了？我下午有空正好去学校接你，却碰上你们老师说你生病了，下午没去上学。没想到你现在竟然学会逃学了。”妈妈生气地皱着眉头说：“你到底去哪儿玩了？”

我心里暗自一惊，这下完了，被妈妈发现了，只好坦白：“小丽好不容易弄了两张3D 电影票，所以我们下午逃学去看电影了。妈妈，我知道错了，下次不敢了，这次您就原谅我吧，我向您保证下次绝对不会再犯了。”

妈妈黑着脸说：“从明天开始，我要看你的学习表现，如果这次期末考试考得不好的话，或者再让我发现你逃学的话，咱们新账旧账一块儿算。”

“对不起，妈妈！我知道我错了，我现在就去写作业。”我知道妈妈这次是真的生气了，赶紧回到房间老老实实地写作业去了。

晓雪，妈妈没想到你这么乖的女孩儿竟然会逃学了。今天妈妈知道这件事情后真的很生气，本来想惩罚你的，不过妈妈想了想，决定给你一次改过的机会，希望你不要再犯同样的错误。

妈妈知道，3D 电影对你们这些孩子来说比学习更有吸引力。但是作为一名中学生，你要知道现在应该做什么，不应该做什么。你们如果想看电影可以告诉爸爸妈妈，可以在假期去看，而不应该利用上课的时间去看，耽误学业。只要你们的要求合理，爸爸妈妈不会不同意的。

作为中学生，你可能会觉得学习压力大，学业繁重，学习起来枯燥没有趣味。但是任何成功都是需要付出自己的努力的，你要明白，世界上没有不劳而获的事情。很多学生逃学后都是为了出去玩，或者上网，或者看电影、看电视……你要知道的是，这些事情什么时候都可以做，你们中学时期最宝贵的学习时间却会一去不复返。你不要以为现在你们仅仅是为了学习而学习，现在的学习是为了你们将来的工作而打基础的。所以，妈妈希望你能够分清事情的轻重缓急，端正自己的学习态度。

青少年时代正处于人的成长时期，这个时候人的记忆力和接受能力都是最好的，是人生中学习知识、收获知识的最佳时期，也是培养自身素质和能力的最佳时期。如果这时候逃学出去玩，不仅会荒废了你们的学业，还会影响你们今后的发展，甚至你们一生的幸福。你们要知道，现在还有很多贫困地区的孩子，没有机会像你们一样走进学校，他们是多么渴望学习，多么渴望再走进学校。相比之下，你们这些城里长大的孩子是多么幸福。很多时候，不要等失去了才懂得珍惜，如果你们长大后回想起自己的学生时代，希望自己是后悔不已，还是拍着胸脯骄傲地说“我那时没有荒废自己的学习时光”呢？

而且一旦逃学尝到甜头，很容易再次逃学，让你养成不守纪律、自由散漫的坏习惯，这种坏习惯最终将会导致你的人生一事无成。记住，上学不仅是让你学习知识，还让你提高自身素质，树立正确的道德观念；学习是为了将来你能更好地立足于社会，为了你能有一个美好的明天。纪律和责任则是人最重要的素质之一，是将来让你立足于社会的根本。因此，为了你自己，也为了你的将来，希望你能约束自己的行为，把学习当成自己的责任勇敢地承担起来。妈妈希望你这次能够吸取教训，好好珍惜你现在的学习时光。

记住！不要为了父母而学习

“化学太难学了，我一看到化学就头疼！”小丽托着腮，皱着眉头，“我还是比较喜欢学语文。”

乐乐也叹了一口气说：“我最近也到了学习的低潮期，对学习怎么也提不起兴趣来。尤其是我妈每天都向我叨唠：‘你看你表姐多有出息，今年考上了北大，咱们乐乐也要加油，争取和你表姐一样考上清华北大。’我每次一听这话，就感觉压力好大。让我感觉我现在的学习就是为了给父母争光。”

我也有些感触：“我妈也整天说我，要好好学习，别让人家瞧不起。在心情不好的时候我也想过为什么我们要学习，为什么我们要考试呀？”

“唉，还不是为了父母吗？学习不就是为了给父母争光、考个好成绩不让父母丢脸吗？”小丽想当然地说，“你看，我老妈每次都对我说：‘小丽呀，你要给我好好学习’。”

“不过‘上有政策，下有对策’，”小丽接着说，“每次我老妈让我学习的时候，我就会在房间里装作学习的样子，只要我妈一离开，我就会看小说、听音乐。我还觉得挺得意的，不过……”

“不过什么？”我问道，“是不是被你妈发现了？”

“晓雪你可真聪明，一下子就猜对了。后来，真的就被我老妈给发现了，那时候我正在看一本科幻小说，看得入了迷，结果没听到老妈进屋，一下子就被老妈抓了个现形，狠狠地挨了顿批评。现在我可老实了，我妈为了方便监督我，每天都让我开着门学习。”

我听了，“扑哧”一声忍不住笑了出来说：“小丽，你这叫自作自受。看来也就你妈能治得了你！”

乐乐也说：“其实，我有时被老爸老妈唠叨烦了，也会消极怠工，摆出一副学习的样子，然后看着书发呆。我爸妈对我的期望值太高了，我总怕达不到他们的要求，我有时真的感觉压力好大呀，你们会不会有时也不想学习呢？”

我说：“当然有呀，不过最后都会劝说自己，不管是为了父母还是为了自己，都要学习，努力让自己的心思放在学习上。”“是呀！要不我们还能有什么办法，学生就是要学习的嘛！”小丽也说。

看来我们三个对于学习的目的都不是很清楚。于是，我在想：到底我们是为了什么而学习呢？

女儿，你们千万要记住，学习并不是为了父母，而是为了你们自己。看来你们在有些事情上是误会我们这些做父母的了。不可否认，每一个父母都望子成龙，希望自己的孩子能够努力学习，取得优异的成绩。有些时候，看到你们不好好学习，我们会难过、会生气，甚至会因此训斥、打骂你们。因为做父母的都怕自己的孩子如果现在不好好学习，将来在激烈的社会竞争中无法生存，怕你们在未来受苦。哪个父母不希望自己的孩子以后能生活得好，生活得幸福呢？所以希望你们能够明白父母的一片苦心。

接下来，妈妈再跟你谈谈有关学习到底为了什么这个问题。女儿，你知道吗？我们每个人的成长过程都离不开学习，我们从小就要学习如何吃饭、说话、走路、穿衣等这些基本的生活技能，长大上学后我们需要学习各种文化知识。你可能要问知识有什么用途呢？妈妈可以告诉你，学习语文是为了锻炼你们的阅读能力、口语交际能力和写作能力；学习数学是锻炼你们的计算能力和逻辑思维能力；学习英语是为了让你们能够和国外的朋友进行交流。学习的作用妈妈就不再一一列举了。女儿，其实在平时，你只要注意观察，把自己学习的知识和实际生活联系起来，试着把学到的东西应用到生活当中去，你就能够深刻地体会学习的用处和乐趣了。

你可能还会说："很多人不学习，不也过得很愉快呀！"是这样的，女儿，现在不学习的人，可能觉得自己过得很愉快，那是因为现在有父母养着你们。你想想看，如果现在不好好学习，将来你们独立了，将依靠什么来养活自己？依靠什么让自己在激烈的社会竞争中立于不败之地？所以，学习对于我们任何一个人来说都具有至关重要的意义。物竞天择，适者生存。一个人若不学习，就会跟不上时代的发展，最终只能被社会所淘汰。

女儿，学生时代是人生中最美好的时期，它对你来说不仅是一次大考验，也是决定你人生道路的第一个转折点。希望你能够好好珍惜和利用这段最好的时光，明白学习对于自己的意义，珍惜现在的学习机会，为自己的未来打好坚实的基础，朝着目标迈进。加油，女儿！

即使答不上，也不要作弊

小丽跑进教室，气喘吁吁地对我说："你知道吗？下一节课英语要考试。完了，这可怎么办，我还有好多单词没有记住呢。"我赶紧问小丽："谁说的，消息准确吗？"

"刚才我看到英语老师抱着卷子从办公室里走出来。"丽丽的话音刚落，我就看到李老师抱着卷子走进教室。

小丽冲我挤挤眼睛，悄悄地对我说:“看我说对了吧，趁现在还没上课，我赶紧回去看书了，临阵磨枪，不快也光。要不我可真就惨了。”

没想到英语老师会给我们搞突击考试，我心里也没底了，最近新学课文中的单词我还没有记住呢！我心里默念道：“千万不要考新课文中的内容。”

结果事情往往是好的不灵坏的灵，等卷子发到手后，我赶紧看了一下考试内容，结果统统被我这张“乌鸦嘴”给命中了，在填写单词一题中，有好几个单词都是新学课文中的，这下可把我愁坏了。直到我把会写的试题答完后，卷子上那空着的几个单词还是没想起来。

这时，我突然想到一个好办法，趁老师不注意，我把课本从书包里拿出来，偷偷地在课桌下面找答案，我正在为翻到的单词而窃喜时，一只大手突然出现在我的面前，拿走了我手中的英语课本。我吓了一跳，抬头一看，原来是英语老师，我的作弊行为被发现了。当时我就感觉自己特别丢人，脸也烫烫的，低下头不敢再看老师。老师严厉地瞪了我两眼，说:“考试的时候，要自觉点。”你知道吗？如果当时有个地缝的话，我肯定会毫不犹豫地钻进去。我心里想：早知道这样，我肯定会提前背好单词，肯定不会作弊，可是世上没有卖后悔药的。结果我只能红着脸，怀着慌乱不安的心情一直等到了考试结束。

女儿，当我知道你有考试作弊行为时，非常生气。但是妈妈现在冷静了下来，决定跟你好好谈谈这个问题。

作弊是一种非常错误的行为，它是以欺骗的方式获得虚假的成绩。你有没有想过，依靠作弊取得的成绩，不仅是在欺骗老师、欺骗父母，更是在欺骗你自己。因为你根本没有学会这些知识，却假装学会了，对此你可能还会沾沾自喜。等到下次考试再遇到同样的问题时，你依然不会回答，这种做法无异于掩耳盗铃。所以作弊对于你来说是没有一点益处的。

考试是为了检验你们平时的学习情况和对知识掌握的情况，通过考试可以让你知道自己哪些地方薄弱，以便及时调节学习计划，查漏补缺。而老师也可以根据学生们的试卷情况，有针对性地进行教学补充。作弊不仅会影响你了解自己的真实水平，还会影响到老师的教学。

妈妈知道你作弊是为了能够考个好成绩。妈妈想告诉你的是，成绩的好坏并不重要，关键是看你有没有努力。再聪明的人如果不努力也是考不出好成绩的。而作弊的行为往往就是为了掩盖自己的不努力，这就涉及一个最重要的问题——诚信问题。对于一个人来说，诚实的品德远远要比分数更重要。对于妈妈来说，相比较于你的成绩，我更喜欢看到你努力学习的态度。在学习中如果你遇到了困难，需要做的是想办法去解决它，而不是投机取巧。因为诚实对于一个人来说是非常重要的品德，它是人与人交往的基础。作为人来说良好的品德要比做学问更重要。一个人即使拥有再大的学问，而没有良好的品德，那么他也不会受到人们的欢迎，甚至会遭人唾弃，无法在社会上立足。

犯错并不可怕,可怕的是不知道改正。妈妈希望你能够牢记这次教训，下次不要再犯同样的错误。只要你努力了，不管成绩是好是坏，妈妈都会接受，都会为你感到骄傲。妈妈希望你能做一个有诚信的人，用真实的成绩回报自己，你说好吗？

失败了，大不了重新再来

今天的数学单元测验我竟然只考了59分，全班倒数第五名。呜呜，好伤心呀！当我拿到卷子的时候，我简直不敢抬头看老师。回到座位上，我的心无法平静。一看试卷，原来有两道大题错了，一个理解错了题意，一个写错了公式，再加上其他大大小小的错误，一共被扣了40多分。这可是我数学考得最差的一次。

我像一只泄气的皮球一样，坐在座位上，心情十分糟糕。一回到家中，我再没有心情像往常一样跟妈妈高兴地打招呼，而是一言不发地躲在自己的房间里，放声大哭起来。

妈妈赶紧过来敲我房间的门："晓雪，怎么了，有什么事情告诉妈妈好吗？把门打开好吗？"

我打开房门，本来不想让妈妈看到我伤心的眼泪，于是拼命忍着，可是眼泪还是不争气地拼命往下掉。我呜咽着说："妈妈，这次数学测验我又考砸了，才考了59分，其实我真的不想考成这样的。"

妈妈拿来毛巾替我擦了擦脸上的眼泪说："好了，好了，别伤心了。妈妈不责备你，这次考得不好，下次努力争取考好不就行了！胜败乃兵家常事嘛。"

"可是，妈妈，这次数学考试让我感到很失败，"我哭着说，"我现在都有些怀疑自己是否有能力学好数学了。"

妈妈把我搂在怀里说："傻女儿，谁说一次考不好，就是没能力学好数学？"

“可是……数学成绩总是提高不上去让我感到自己很失败。前两次考试还好，虽说成绩不是很好，但是也比以前有了进步，可是这次却一下子考得这么差，让我真的很受打击。”

“你也说了，前面的考试曾经有过进步，怎么能说自己学不好数学呢？这次没考好，可能是因为你的学习方法不对或者有什么问题还没有弄明白，总之不要自暴自弃。妈妈相信如果你能吸取经验和教训，下次一定能考好的。你忘了爱迪生发明电灯的故事吗？爱迪生经历了数千次的失败，才成功地发明出电灯来，相比之下，你仅仅一次成绩考得不好，算什么。只要我们能不怕失败继续努力，妈妈相信你一定能把数学学好的。”

我听了妈妈的话后，本来因为失败而沉重的心情终于轻松多了。妈妈说得对，失败是成功之母，这次好好找出没有考好的原因，下次一定能考好的。我说：“妈妈，下次数学考试我一定会考好的。”看着我又重新有了面对失败的勇气，妈妈笑着说：“好，妈妈相信你！”

女儿，妈妈希望你不要因为这次考试的失败，而影响到你今后的学习。没有考出好成绩，谁都会难受，但是不要因为这一次失利就抹杀自己学习的信心和曾经的努力。妈妈知道，对于数学你也曾经下了不少工夫，成绩也有所进步，但是人生就是这样，有成功就会有失败，不管是成功还是失败，我们都要学会去面对。因为比起成功，失败更能让你成长。

任何人在生活中都难免会遇到失败，关键是看你怎么来对待它，是从此一蹶不振，还是重整旗鼓呢？世界上很多成功者都不是一帆风顺的，如世界著名的科学家居里夫人、微软的创始人比尔·盖茨，他们都是在挫折和失败中成长起来，逐渐取得辉煌成就的。所以说失败并不可怕，关键是要在失败中总结经验和教训。

所以，妈妈觉得在遭遇失败后最重要的是要调整好自己的心态，不要对自己的能力产生怀疑，而是要仔细寻找自己到底在哪里出了问题，是没有注意听讲，是在学习中有问题没能及时解决，还是因为自己临场没能发挥好，等等。

这次考试失败的原因，妈妈认为可能是由于你的能力和水平还不够，再加上临场没发挥好，只要能客观具体地分析并加以改正，相信你会有不少收获的。如果你认为自己分析不好，还可以找老师帮你分析，然后制订相应的对策。注意在制订学习计划时不要好高骛远，而是要根据自己的实际能力来制订，以保证自己的学习计划能够得到很好的实施。相信失败的经验能让你有所成长。

女儿，在人生的旅途中，你可能会遇到各种各样的挫折或者失败，你要学会如何正确地面对生活中的挫折和失败，从中吸取经验和教训，让自己在失败中成长。诺贝尔文学奖的获得者萧伯纳曾经说过："在我年轻时，我所做的事，十中有九都是失败的，为了不甘于失败，我便十倍努力于工作。"所以，只要你不放弃心中的理想和追求，勇敢地走下去，你就会发现成功就在你的眼前。

不要给自己太大的压力

"我们还有一个多月就要期末考试了，感觉压力好大呀！"小丽把英语作业写完后，站了起来，伸了伸懒腰说。

我一边奋笔疾书我的语文作业，一边回应小丽说："可不是，一想到期末考试我就紧张，这让我想起了期中考试的惨痛成绩。这次再考砸了，我就完了，暑假都甭想有任何娱乐活动了。"

乐乐从作业中抬起头说："你们俩不要再谈论期末考试这个问题了，你们越说我就越紧张。"

小丽拍拍乐乐的肩膀说："乐乐，不管现实多么残酷，人都应该学会面对现实，对于我们来说期末考试就是一个很现实的问题。所以不管你的成绩怎样你都要接受它。"

看着小丽一本正经教育乐乐的样子，我忍不住"扑哧"一下笑出声来。

乐乐一巴掌拍掉小丽搂在她肩膀上的手说："臭小丽，你也就会说说我吧！看你这次期末考试考砸了还能像现在这么怡然自得吗？""臭乐乐，你个乌鸦嘴，竟然咒我考试考砸，看我怎么教训你。"

说完小丽就开始使劲挠乐乐的夹肢窝，因为那是乐乐最怕痒的地方。果然还没挠两下，乐乐就开始求饶了。

我也笑着说："乐乐，看来你还不是小丽的对手。"

我们的作业虽然在愉快的气氛中写完了，但是每当我想起老师说的"下学期你们就要升初三了""现在要抓紧时间好好复习，为初三打好基础"这一类的话时，就会感觉学习压力好大，有种头痛欲裂的感觉，我该怎么办呀?

女儿，看来最近你给自己的压力太大了。期末考试和初三升高中，对于你们中学生来说的确是一个不小的压力，但是希望你能够学会面对学习的压力，调试好自己的心情。现在妈妈就告诉你一些化解压力的办法，希望对你能有一些帮助。

首先，对待学习要有张有弛，合理安排自己的学习时间。不要连续长时间的学习，而是要在学习 1 ~ 2 小时后适当地休息一下，可以出去打打球、散散步、听听音乐，放松一下心情。这样接下来才能有更好的精神状态来学习。

其次，要根据自己的能力来制订学习计划和目标，然后划分成一个个短期的小目标，每天一步一步地进行。先实现小目标，等一步步把小目标实现后，大目标也就完成了，这时你就会发现原来自己已经积累了这么多知识。当你的心里觉得有底时，也就不会再为考试而紧张了。

还有就是不要给自己施加过大的压力,过于追求完美。只要你尽力了，一次成绩的好坏并没有什么关系。在平时要学会每天总结自己犯了哪些错误,并尽力保证同样的错误不再犯第二次,相信你的成绩会有很大的提高。

在感到压力大时，要学会调整自己的心态，可以找朋友聊聊天、做做运动、参加一些自己感兴趣的活动等，让不良情绪得到宣泄，从而减轻自己心中的压力。

在考试的时候一定要放松心情，不要把分数看得太重。你只要把考试当做是你平时在做练习题，相信就不会那么紧张了，然后再认真地对待试卷上的每一道试题。如果以这样的心态来代替紧张的心情，妈妈相信你一定能够考出好成绩的。总之，考试不要总想着分数和名次，而是要自己跟自己比，是不是这次考试成绩比上次有所提高，或者同样的错误没有再出现第二次，这就是进步。这样在考试时就不再有那么大的压力了，在不经意之间，你会发现你的成绩会有很大的进步。

最后，妈妈希望你不要把学习当成一种负担，而是怀着一种探索的精神、保持快乐的心情去学习，因为兴趣才是学习最好的动力。希望这些减压的方法能够帮助你，妈妈祝你学习进步！每天都能开心！

学会管理自己的时间

“晓雪，昨天晚上熬夜了吗？怎么今天早上一副无精打采的样子。”乐乐看着我说。

“可不是，黑眼圈都出来了。”小丽也跑过来凑热闹。

“别提了，烦死我了，本来想周六写完作业好好复习一下。结果，我刚要写作业时，却发现我的房间该整理了，衣服也该洗了。于是，我就开始收拾房间，等把房间收拾好发现早已经过去半天的时间了。下午洗完澡后，我又开始洗衣服，等我把衣服洗完后发现下午的半天又过去了。晚上本来想写会儿作业，结果看到电视里正在播出一部我非常喜欢的电影，所以我忍不住看了一晚上的电影。第二天，上午表姐邀请我去她家吃饭，所以又没写成作业。下午从表姐那儿回到家中就已经3点多了，我才开始写作业，结果可想而知了，我到晚上12点才把作业写完，晚上也没睡好，现在我的头还有些疼呢！”我郁闷地说。

“原来是这样！”小丽想了想说，“等下次，你先把作业写完再干其他事情，可能就会好一些。”

“不知道怎么回事，我总是感觉每天要做的事情实在太多，每天都觉得自己很忙，总有做不完的事情，弄得我焦头烂额的，真叫我头疼。你说我该怎么办呀！”

乐乐想了想说：“可能是因为你的时间没有规划好吧！下次把时间计划好，可能就会好得多。”

听了乐乐的话，我想了想，自己还真是不太会管理时间，所有的事情都是乱糟糟的，没有什么计划。我决定还是回家问问妈妈，让她帮我解决这个难题。

妈妈也发现，你最近好像总是很忙的样子，经常到了深夜，还看到你在写作业。本来妈妈以为你是作业多的缘故，不过照现在来看并不是这个原因，而是因为你没有学会规划好自己的时间。

女儿，你知道吗？世界上对于每个人来说最公平的就是时间，每个人一天都有 24 小时，但是不同的人利用每天相同的时间产生的价值却大有不同，原因就在于你是否有效地管理好你的时间。那么怎样才能管理好时间呢？

首先你要做的就是把每天需要做的事情一一列出来，然后把那些最重要、最紧急的事情找出来，列在另一张纸的最前面，并依照紧急程度用“1、2、3”标出来。接着再把那些不太重要的事情按顺序排列到下面。这样你就清楚当天应该先做哪些最重要的事情，其他次之，通过安排和计划，你就可以有条不紊地进行了，从而有效地提高时间效率。这样就能够避免出现像周末这次的情况了。

需要提醒你注意的是，在制订学习计划时，不要仅仅列出学习的时间，而要把学习科目和这一段时间内需要完成的具体工作量也要写出来，如“18：00 ～ 19：00 完成数学作业”“19：00 ～ 19：30 背一篇英语课文”等。制订一个详细而具体的时间规划，不仅能够提高你的学习效率，而且还能让你有更多的时间来从事你感兴趣的事情。

妈妈再告诉你一个学习的小窍门，它能够帮助你提高学习效率，让你在学习过程中避免过多地浪费时间。那就是在平时你可以根据老师的教学计划和课程安排来规划自己的学习任务，明确自己每天需要掌握和学习的内容，每天晚上先把当天所学的知识点复习一下，然后再开始写作业，这样做你会发现写作业将容易得多。写完作业后，最好提前预习一下第二天老师将要讲的新课程，这能帮助你更好地跟上老师的思路。如果每天你都能够按照这一系列步骤去学习的话，不仅能够提高学习效率，你还会发现原来学习并不是件那么困难的事情。另外，最关键的就在于你能否在制订计划后严格地执行，否则，这些计划将起不到任何作用。所以，要想管理好自己的时间，计划和执行力一个都不能少。

除了有效地管理时间，在平时还要注意改掉自己不合理安排时间的习惯，学会把生活中一些零碎的时间利用起来，长期坚持下去，相信你一定养成合理使用时间的好习惯。然后每过一段时间就对自己时间管理情况进行一次反思和总结，时间长了你就会发现它将给你的生活带来很大的变化和改观，效果会十分明显。女儿，祝你成功！

你要在学习中找到自信

“晓雪，你这次物理又考得那么好，真羡慕你。”乐乐拿着我的物理试卷，羡慕地说道。“其实刚上初一的时候，我的物理成绩还没有你好呢，而且还有些讨厌上物理课。”我告诉乐乐。

“那你是怎么把物理成绩提上去的？”乐乐问。

“那时候，我妈问我是不是不喜欢物理课，我说是，因为我觉得物理太难了，根本没有信心去学好它。妈妈说，在她上学时，最初英语成绩也不是很好，对于学好英语完全没有信心，但是后来她找到了适合自己的学习方法，很快就把英语成绩提高上来，找到了学习的自信。妈妈告诉我，自信是成功的第一秘诀，只要相信自己，那么就一定能学好。听了妈妈的话后，我又重新拾起学习物理的信心，然后先从自己没有弄明白的物理定律和公式开始，等我把那些物理定律和公式理解透彻后，我才发现原来物理并不是我想象的那么难，只要找到学习的诀窍就很容易把它们学会了。后来物理就成了我的强项。”

乐乐赞叹道：“晓雪，你真棒！原来自信心对一个人来说这么重要，看来我也需要提高自己学习的自信。”

我鼓励乐乐：“乐乐，你这么聪明，只要找到学习的自信，相信你一定会把物理学好的。加油！”

乐乐对我笑笑说：“好！我一定会加油的，我们两个一起努力吧！”

女儿，看到你和朋友能够互相鼓励，互相帮助，妈妈感到很开心。其实很多学生都和你们一样，他们并不是不聪明，只是因为缺乏自信而影响自己学习的成绩。那么，如何才能建立起学习的自信心呢？

首先，在学习中遇到困难和失败时，不要轻视自己，也不要怀疑自己的能力，而是要努力寻找克服困难的方法和失败的原因。如果有什么不明白或者搞不懂的问题，可以询问老师或同学，让他们帮助你找到问题的根源，然后想办法把这些问题解决掉。这样在逐步解决问题的同时，学习成绩也会慢慢变好，学习的自信自然也就找到了。

其实不管在学习中还是生活中，自信心都是非常重要的。苏格拉底曾经说过：“一个人是否有成就，只要看他是否具有自尊心和自信心两个条件。”一个缺乏自信的人，经受不住困难和失败的打击，做什么事情都容易半途而废,你想想看这样的人怎么能取得成功？所以在生活遭遇失败时，我们不要逃避，而是要勇敢地面对，把失败当成对自己的挑战，从失败中吸取经验和教训,然后鼓起勇气继续走下去,你会发现成功离我们越来越近。

晓雪，妈妈希望你今后再遇到困难时不要被困难吓倒，而是充满自信、勇敢地去面对生活，去展示自我，相信你一定能够收获成功的喜悦。妈妈在这里祝你和乐乐都能取得好成绩，加油！

克服糟糕的“健忘症”

“呀！”我惊呼一声，发现自己没带自行车钥匙就跑下楼来。我赶紧上楼回家拿钥匙，当时我是多么痛恨我家住在六楼却没有电梯这一事实。

妈妈看到我急急忙忙地跑回家，便问：“怎么了，忘拿什么东西了？”“忘拿自行车钥匙了。”我明明记得昨天回家时把钥匙放在桌子上，可是现在却不见了，这下可把我急坏了，再找不到钥匙的话我上学可就要迟到了。

幸好妈妈留着自行车的另一把钥匙，解了我的燃眉之急，总算上学没有迟到。

到了学校从书包里拿作业本时，摸到了一个硬硬的东西，掏出来一看是自行车钥匙。原来昨天我把钥匙塞到书包里，早上却给忘了。唉，都怪我的记性太差。

语文课上，老师突然提问我：“晓雪，你来背诵一下陶渊明的《饮酒》

这首诗。”

“结庐在人境，而无车马喧。问君何能尔，心远地自偏。采菊东篱下，悠然见南山，山气日夕佳……”糟糕，后面那句是什么？怎么也想不起来了。

老师看到我红着脸支支吾吾地背不上来，说：“晓雪，你先坐下吧，学过的课文要经常复习才行。”

坐下以后，我用力拍了拍自己的脑袋，我这脑子，怎么什么都记不住啊，难道我得健忘症了吗？不行，回家得找妈妈好好问问。

我的女儿，你的健忘，完全是因为你太马虎和在学习过程中不注意复习而造成的，并不是真正患上了健忘症。要想提高自己的记忆力，妈妈告诉你一些好方法，可以防止类似情况再次出现。

在平时，你要学会把自己的东西归类后整齐地放好，这会让你很容易找到你所需要的东西。对待钥匙这类重要的东西不要随意乱放，而是每天固定放在同一个位置，这样就能避免出现找不到钥匙的情况发生。在平时还可以准备一个小本子，把每天要做的事情记在上面，这样能够有效地防止遗忘。

对于学习上的健忘，最好的办法就是及时进行复习。因为人的记忆是有规律的，在最初的阶段遗忘的速度会很快，然后逐渐减慢。对于学过的知识，如果不能及时复习，就会很快遗忘大部分，所以只要在遗忘之前及时地复习，就能大大提高记忆的持久性，让短暂记忆变为长期记忆。根据记忆的规律，妈妈给你总结出以下方法：

首先，对于课堂上学的一些知识，下课后要及时复习。每次听完课后，可以闭上眼睛在脑海里回想一下这堂课老师讲了哪些内容和知识点，这样能够加深在你头脑中的印象。每天晚上睡觉前，再把当天学习的内容复习一遍，过几天后再复习一遍。这样通过反复记忆，你就能有效地记住学过的知识，而不会轻易忘记。

其次，在记忆的过程中，要避免一心二用，如果注意力不集中将会大大减低记忆的效率。对于要记忆的知识，理解后才能记得牢，与死记硬背比起来，理解记忆会让你达到事半功倍的效果。

最后，充足的睡眠也是记忆力良好的保证，所以你要注意晚上不要熬夜。在平时还可以多吃一些如坚果、蛋黄、豆腐、南瓜、动物肝脏、肉类以及深海鱼等食物，这些食物对于提高记忆力有一定的帮助。

你可以试试以上这些方法，妈妈也会在日常生活中对你进行监督和提醒，相信在我们的共同努力下，一定能把“健忘”这个毛病克服掉！

掌握学习技巧会事半功倍

最近我虽然很用功，但是学习成绩仍不见太大的起色，考试分数还是和班里前几名的同学差一大截。而且让我弄不明白的是，有的同学平时学习还不如我用功，但是他们的学习成绩为什么却比我要好呢？想到这些，我心中有些懊恼。于是，我决定去向表姐讨教一些学习方法。表姐是我从小到大最佩服的人，她不但长得漂亮，而且学习成绩也特别好，去年她可是以全校第一的优异成绩考入北京大学的。这个周末正好表姐在家，所以我决定去取取经。

“表姐，最近我已经很努力地学习了，但是却感觉收效不大，成绩并没有提高多少，你说这是为什么呀？”

“可能是你的学习方法不对。”

“表姐，你能告诉我当年你是怎么学习的吗？有没有什么提高学习效率的秘诀呀？”

“我的秘诀就是上课前提前预习功课，课堂上认真听老师讲课。”表姐想了想又接着说，“记得我上高中的时候，给每门功课都准备了一个专门记录错题的本子。没事的时候就经常复习这些错题。我觉得这些错题本给了我不少帮助。”

“表姐，我总感觉预习没有太大的用处，而且会浪费很多时间，预习真的对学习有用吗？”我提出心中的疑问。

“当然有用，预习虽然看起来是多花了不少时间，但是却使你在接下来的学习更容易，反而为你节省了不少时间，提高了学习效率。”

原来是这样，我高兴地说：“谢谢表姐！等我考了好成绩请你去我家吃大餐。”

掌握学习技巧会让学习效果事半功倍，妈妈曾经也告诉过你一些有关学习的方法，现在妈妈给你系统地总结一下，让你更好地掌握这些学习技巧。

首先，要做好课前预习。在预习新课时，对于自己不明白的问题要主动思考和解决，对于实在搞不懂的问题，把它们记下来，然后带着问题去听课。对于不同学科预习的重点也是不同的。对于数理化这些理科课程，要把预习的重点放在公式和定律上；预习语文则主要把重点放在生字、生词和课文的写作风格、段落大意上；英语的预习重点要放在单词和语法上。晓雪，这里妈妈特别提醒你要注意的是，预习并不是提前学习，所以不必耗费大量的精力在上面，只要对新课能够有一个初步的了解就可以了。还有，千万不要因为提前预习了功课，对老师所讲的知识有所了解就在上课时不注意听讲，这会让你得不偿失。

其次，是要学会如何在课堂上听讲。在课堂上一定要集中精力听老师讲课，根据自己预习的情况，紧跟老师的思路，看老师是如何对上课内容进行分析理解的，同时解决在预习过程中没有弄明白的问题。并将自己的理解和老师的讲解进行对比，及时发现自己在预习过程中出现的错误，这样能够加深你对课文的理解和记忆。在听课的同时，还要注意做好笔记，将老师所讲的重点和难点都记录下来，以便课后的总结和复习。对于自己在课堂上没有弄明白的问题要记录下来，下课后可以试着自己想办法解决，如果实在不明白可以询问老师。

说完课堂听课的技巧，接下来妈妈告诉你该怎么复习。记忆的关键在于最初学习后的几分钟、48 小时内和接下来两周之后这三个关键的时间段。因此，根据记忆这一特点，在老师讲完课后，一定要像“过电影”一样对所学的内容回忆一遍以加深记忆。到了晚上再回忆一遍，然后对照课本看自己所记忆的知识有哪些偏差，这时你对知识的记忆就基本上可以保持两周以上了。在两周之后，对前面所学的内容再复习一次，对自己的记忆进一步巩固，这时你对知识的记忆就已经从短期记忆转为长期记忆了。

如果你想在平时能够更快更好地完成作业，那么，在做作业时，要先把老师当天所讲的内容认真复习一遍，弄清所学的知识点后再去做。对于老师批改回来的作业要认真分析，做错的题要找出错误的原因。如果是因为粗心大意，那么下次做题时就要多加细心；如果是基础知识没有掌握好或者思路不对，就需要巩固自己所学的知识，认真钻研解题的方法。在平时可以准备一个错题本，把平时考试或者练习中做错的试题记录下来，然后经常复习和翻阅，避免自己在做题时再犯同样的错误。尤其是临近考试时，你会发现错题本对于你来说是非常好的复习资料。

女儿，希望这些学习技巧对你的学习能有所帮助，你可以根据自己的情况采用不同的学习方法，对于擅长的科目可以以自学和课堂为主，对于自己较弱的科目要把重点放在“补”上。总之，妈妈希望你找到适合自己的学习方法，养成良好的学习习惯，不久，你就会觉得学习并非一件困难的事情了，就可以轻轻松松地取得好成绩了。

第十一章　健康保健，做个健康快乐的小公主

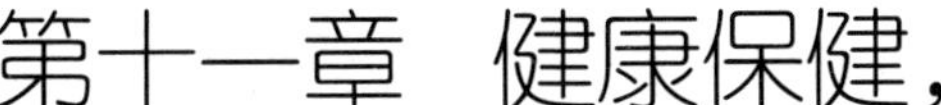

青春期是女孩最重要的发育期，如果不注意健康，很可能会影响到女孩青春期的正常发育。所以这时候家长应该提醒她们要注意身体健康，少吃零食，多做锻炼，改正不良的生活习惯。平时注意健康的细节，将会有助于她们健康成长，减少她们患病的风险。更重要的是，现在健康的生活习惯将会为她们以后的生活带来更多的幸福和快乐，帮助她们降低出现各种疾病的概率，让她们像小树一样茁壮成长。

科学饮食，健康成长

下课铃声一响，我和乐乐就直奔学校的小卖铺，买了我们最喜欢吃的棒棒糖和薯片。不一会儿我和乐乐便把这些零食消灭得一干二净。我抹抹嘴，有些意犹未尽地说："下节课课间，我决定再去买雪糕吃。"

乐乐说："不会吧！你还想吃零食呢！我已经吃饱了，下节课课间可就不陪你吃了。晓雪，这几天我觉得我们零食吃得太多了，每天中午的时候一点儿都不饿，我都吃不下午饭了，弄得我妈最近老说我不好好吃饭。"

我想了想说："好像最近吃零食确实有点多，不过我看到好吃的零食后总是忍不住想买。"

小丽看着我和乐乐的课桌上吃剩下的零食包装，摇摇头说："怪不得你俩瘦不下来，整天吃这种高热量、高脂肪的东西，能瘦才怪呢！"

"我们不是饿了吗？"我辩解说。

"饿了可以喝牛奶、吃水果呀！这样才健康呢！我发现你们总喜欢喝那些碳酸饮料、吃膨化食品之类的垃圾食品。我可告诉你们，这些食品可对身体没有好处，虽然我也很喜欢吃这些食品，但是为了保持我良好的身材和皮肤的健康，我很少吃这些东西，看来你们真应该好好向我学习学习啦！"

看着小丽一本正经的样子，我笑着说："好啦，好啦，明天我们听你的，用水果代替零食还不行吗？别再啰唆了！"

"好你个晓雪，我明明是为你们的健康着想，你们竟然嫌我唠叨，你找打呀！"说着，小丽就在我身上拍了一巴掌。不过为了健康，我真应该把吃零食这个坏习惯给改掉了！

我说为什么最近你中午都不怎么吃饭，原来肚子早被零食填饱了。小丽说得很对，你们课间如果饿了，可以吃一些水果或者喝一袋牛奶，这些食品比那些零食要健康得多。妈妈还需要提醒你的是，在不饿的时候就不要再吃东西了，否则吃得太多的话，会影响你正常的一日三餐，妈妈即使做再好吃的饭菜，你也会没有胃口的。

你要想健康地成长，就必须从科学的饮食开始。每日三餐要以五谷杂粮为主，多吃一些绿色蔬菜和水果，再适当吃一些肉类，才是健康的饮食。由于你们的身体正处于快速生长的发育期，所以必须要注意日常饮食的多样化，在吃饭时不要偏食、挑食，要什么都吃一点儿，这样才能保证营养的全面和均衡，才能满足你们身体发育的需要。

你知道吗？饮食的健康与否还会影响你们的视力，除了不良的用眼习惯会造成近视之外，根据医学研究表明，饮食不当也会诱发近视。如果人体缺乏铬元素的话，很容易导致近视。铬元素主要存在于粗粮、蔬菜等食物中，如果长期不吃粗粮和蔬菜、只吃一些精细的食物，就很容易造成铬元素的缺乏。还有，如果吃太多的甜食也容易产生近视，因为摄入的糖分过多会让血液偏酸性，为了保持酸碱平衡，人体会动用大量的钙质去中和，从而容易引起钙质的缺乏，造成眼球壁弹性减弱，增加患近视的概率。所以，全面的营养是非常重要的。

此外，还要注意养成吃早饭的好习惯，每日三餐尽量做到“早吃好、午吃饱、晚吃少”。早餐要有营养，午餐要丰富一些，晚餐不要吃过多的肉类和一些不易消化的食物，而适合吃一些比较清淡的食物，同时也不要吃得过饱，否则容易引起消化不良从而影响睡眠。通过妈妈的这些介绍，你知道该如何管理自己的饮食了吧！

要学会科学用脑

“啊！好累呀！”下课后，我伸了伸懒腰说。乐乐揉揉太阳穴说：“我也累，最近不知道怎么回事，以前看一会儿就能记住的知识，现在却半天都背不下来。”

“我们要是也能有个机器猫，到时候让它给咱们弄一个神奇的机器，把咱们变得特别聪明，不管学什么一学就会，该多好呀！”乐乐晃晃我的肩膀说：“晓雪，该醒醒了，现在可不是晚上，不要再做白日梦了。”

“唉，让我幻想一下还不行吗？不过说实话，我很佩服咱们班的李强同学，他和我们一样每天上课下课，平时也没见他上过补习班什么的，每次他都能轻轻松松地考出好成绩！真是羡慕呀！”

乐乐说：“那没办法，说明人家的大脑比咱们聪明，学习效率比咱们高！”

正说着，乐乐突然好像想起了什么，激动地抓着我的手说：“对了！晓雪，你妈不是医生吗？你问问她有没有什么办法，可以让我们的大脑变得聪明起来呀！”我一巴掌拍到乐乐头上，说：“我看你都学晕了，我妈是妇科医生好不好，怎么会知道脑科的事情？”

乐乐摸着她的头，委屈地说：“本来我就不聪明，你还打我的头，那会把我打得更傻的。”不过没过一会儿，乐乐突然又高兴地对我说：“晓雪，你太笨了，你可以让你妈妈问问脑科的同事不就行了吗？即使不能变聪明，我们能够知道怎样更合理地使用我们的大脑也行呀！”我想了想说：“好吧！其实我也想知道怎样做才能科学用脑，把我们的学习效率提高，等我问完后再告诉你吧！”

女儿，妈妈帮你询问了同事，再加上我自己查阅的资料，现在妈妈就告诉你应该怎样科学用脑，才能有效提高学习效率。

首先，在学习过程中要注意合理用脑。不要长时间进行高强度的智力活动，让自己的大脑长时间处于紧张状态；而是要学习一小时后，就让大脑休息 10 分钟，最好的休息方式是参加一些体育运动或其他非智力型活动。这样在进行下面的脑力劳动时，才不会过于疲劳。在学习中，也可以文理科交替学习，这样做可以让大脑负责不同思维的区域，交替地进行工作，也有利于减少大脑疲劳，提高大脑的工作效率。在平时，要学会适度用脑，当自己在学习过程中感到疲倦或者学习效率明显降低时，就不要再继续学下去了，应该休息一会儿，让自己的大脑得到放松。这并不是在浪费学习时间，而是“磨刀不误砍柴工”。在学习过程中要注意劳逸结合，在课余时间多参加一些体育和文娱活动，这样我们的大脑才能以更积极的状态投入到学习中去。

其次，就是掌握自己的最佳学习时间，每个人大脑的活动规律是不同的。有的人晚上大脑特别清醒，学习效率特别高；有的人则是在早上。你可以仔细观察一下自己一天中哪些时间大脑处于最清醒的状态，然后把那些你认为难学的科目放在这个时间学习。这个方法简单来说，就是在自己大脑最清醒的时候，抓紧时间多用大脑。

第三，充足的睡眠也是保证大脑持续良好工作的重要条件。充足的睡眠对于大脑来说是消除疲劳、恢复脑力的最佳方法。一般来说，青少年每天的睡眠时间最好能保证 8 ～ 10 小时，成年人 7 ～ 8 小时就可以了。所以说你在平时千万不要熬夜，晚上只有让大脑得到充分的休息，第二天才能精神饱满地投入到学习中去。

女儿，你不要认为只有体力劳动才会消耗身体的能量，脑力劳动也是需要消耗大量能量的，所以平时千万不要忽视对大脑营养的供应，每日三餐要定时定量地吃好喝好。多吃蔬菜、水果和粗粮，不要挑食、偏食，要保证自己的食物多样化，这样才能保证大脑顺利正常地进行。除此之外，还要注意经常运动，如慢跑、骑自行车、游泳、跳绳等，因为运动不但可以让我们的大脑得到休息，而且还能调节我们的精神状态，增强体质，是健康的最好帮手。

最后，你需要注意的就是要保持乐观积极的生活态度和良好的心情。如果精神抑郁、烦躁不安等不良情绪出现，将会严重影响大脑的工作效率。相反，如果能精神愉快、集中精力投入到学习中，那么大脑的工作效率就会很高。

妈妈希望你能够通过了解有关科学用脑的方法，制订出一个适合自己的学习计划，不要光说不练，要能够切实地实施，只有这样才能有效提高你大脑的工作效率，你说呢？

牙齿保健很重要

我从小就很爱吃甜食，比如巧克力、棒棒糖、奶油蛋糕、巧克力派什么的，我统统是来者不拒。虽然妈妈多次警告我说吃太多甜食不好，容易长蛀牙，可是面对美食的诱惑，我通常是没有自制力的。

正当我刚刷完牙想睡觉的时候，突然从衣服口袋里翻出了一块我昨天吃剩下的巧克力。我忍不住就把它扔到了嘴巴里，吃完后才想起是不是还得再刷一次牙呀！不过我懒得动了，心里想：算了，少刷一次牙也没什么关系。可是没过多久我就后悔了，因为第二天起床吃早饭的时候我突然发现我的牙开始疼了。

妈妈知道后数落我说："你这丫头喜欢吃糖，又不好好刷牙，每次都是马马虎虎刷上几下就完了，这下好了吧，知道牙疼了吧！"

"那现在可怎么办呀！"我着急地说，"这样疼下去也不是办法呀！"

妈妈说："走吧，只能去看牙医了。"

经过牙医的检查，原来我的牙齿已经坏掉两颗，需要补牙。这时我才知道保护牙齿的重要性。从现在开始，我得好好保护我的牙齿了！

晓雪，通过这次补牙的经历，你知道保护牙齿的重要性了吧！为了避免以后你的牙齿再出现状况，妈妈帮你找了一些有关牙齿保健的资料，希望对你保护牙齿能有所帮助。

要想保护好自己的牙齿，让自己的牙齿洁白无瑕，最重要的就是让每天早晚刷牙的工作做到位。如果每天刷牙的姿势不正确或者总是马马虎虎地刷完了事，对牙齿是起不到任何保护作用的。有时候姿势不正确还会对牙齿和牙龈造成伤害，比如，不要横着刷牙，刷牙时也不要太过用力。正确的刷牙方法是：将刷毛与牙齿呈四十五度角，从牙龈向牙冠方向刷，在同一部位重复刷数次，才能有效地清洁牙齿。按照先上下、后左右、最后再刷牙内侧的顺序，依次刷，就不用担心某个部位刷不到了。每次刷牙的时间要保持3分钟左右。每次吃完东西要记得漱口，睡觉前不要吃过甜和过酸的东西。牙刷要每三个月更换一次。

其次是在平时要少喝碳酸饮料和吃含糖量较高的食品，因为它们会增加你患龋齿的危险。你可以多吃一些奶制品，它能补充人体所需的磷和钙，有助于牙齿的坚硬和牢固。如果不想让自己的牙齿变黄，那就需要注意不要饮用过量的咖啡或者茶。日常要多吃一些健康的食品，如新鲜的蔬菜和水果，只有营养均衡了，牙齿才会更健康。

除此之外，还要注意不要经常用牙咬手指、铅笔，或者只用一边的牙齿咀嚼食物，这些不良的习惯都会对牙齿造成伤害。

最后，为了能让我们及时发现牙齿潜在的问题，最好每半年或者一年去医院进行一次口腔检查，防患于未然。

如何保养皮肤

看着小丽哼着歌走进教室，我和乐乐好奇地问："小丽今天有什么开心的事呀，这么高兴！”

小丽说：“我妈妈前几天去外地出差，昨天晚上刚回来，她给我带了一份我非常喜欢的礼物，你们猜是什么？”

乐乐说：“能让你这么喜欢的礼物，我想一定是漂亮的衣服。”小丽摇摇头，笑着说：“不是衣服，你们继续猜。”

乐乐挠挠头说：“不是衣服，你不是最喜欢漂亮的衣服吗？难道是好吃的？”

“乐乐，你见本小姐我什么时候对吃那么感兴趣啦！你要知道对于你们感兴趣的那些甜点、膨化食品等，我可是从来不感兴趣的。”

我想了想，小丽是最爱漂亮的人了，既然不是衣服，那就只有一样和漂亮有关，我脱口而出说：“化妆品。”

小丽拍拍我的肩膀，满意地说：“看来还是晓雪最了解我，答案就是化妆品。是一个朋友送给妈妈的，回家后，妈妈就把那套化妆品送给了我，这个化妆品可是进口品牌，价格相当昂贵，大概需要一千块钱吧！”

“一千块钱，这么贵！”我和乐乐惊叹地吐了吐舌头。

小丽自从用了这套昂贵的化妆品后，每天都特别高兴，不过好景不长，一个月后，小丽发现自己的脸上竟然出现很多小痘痘，而且还经常出现打喷嚏的症状。小丽的妈妈连忙带她去医院检查，检查的结果竟然是因为使用了成年人化妆品而造成的过敏症状。

听到这个消息后，我和乐乐都吓了一跳，没想到使用成年人的化妆品竟然会惹出这么大的麻烦！小丽告诉我们，由于青少年皮肤发育还未成熟，比成年人的薄，对外界的刺激会很敏感，而成年人化妆品是专门给成年人设计的，里面含有大量的化学成分，青少年使用后很容易引起过敏发炎，即使昂贵的进口产品也不适合我们使用。小丽叹了一口气说：“看来不能用妈妈的化妆品了，那么我们青春期女孩到底应该怎样保养皮肤呀？”

青春期的女孩正如含苞待放的花朵一样，一切都是朝气蓬勃、欣欣向荣的。你们本身正处于人生中最美好的年龄段，这个时候自然才是最美丽的。此时你们保养皮肤的方法就是做好最简单的护理，并不需要往脸上涂抹太多的化妆品。因为很多化妆品都是给成年人设计的，并不适合你们使用。妈妈建议你们这个年龄不要化妆，因为你们还处在发育期，涂抹越多的化妆品，脸上堆积的化学成分就越多，容易对皮肤造成伤害，而且还容易堵塞毛孔，长出小痘痘或者因为色素沉积而出现色斑。

在你们这个年纪，要想保养好皮肤，只需要做到以下几个步骤就可以。首先就是每天早晚做好皮肤的清洁工作，将脸上分泌的油脂和沾染的灰尘清洗干净，然后擦一点儿专门适合女孩的柔肤水和润肤液就可以了。在夏季要注意防晒，外出的时候可以涂抹一些防晒霜，其他化妆品则不需要。

要想让自己的肌肤好，更重要的是内在的调养，在日常饮食中少吃一些辛辣或者油腻的食物和垃圾食品，如可乐类的饮料、方便面、膨化食品等。平时要注意多喝白开水，可以每天早上起床后喝一杯白开水，这样可以清洁肠道。对于女性来说，充足的水分是健康和美丽的保障，所以你们要及时给身体补充水分，千万不要让肌肤缺水。在平时可以多吃一些新鲜的蔬菜和水果，这些对于你们的肌肤都是很有帮助的。

此外，需要注意的是，每晚的入睡时间不要超过 11 点，因为晚上 10 点到次日凌晨 3 点是皮肤修护的最佳时间，这时只有进入睡眠状态，肌肤才能得到修复和保养。一旦熬夜的话，就会错过皮肤保养的最佳时间。所以，充足的睡眠也是养护皮肤需要注意的一点。

女儿，千万要记住的是，保持愉快的心情和积极的心态会让人的脸上焕发光彩。以上这些就是青春期女孩保养肌肤的秘诀了，妈妈希望你们能够度过美丽而又快乐的青春期。

多运动，让自己充满活力

“晓雪，休息会儿吧！我累了！”乐乐气喘吁吁地说。

“乐乐，咱们才打了不到一个小时的羽毛球，你就累了，你的体力也太差了吧！”我说道。

乐乐坐在路旁的椅子上，说：“没想到你的体能变得这么好了，记得去年跑步时你还没我跑得快呢！”

“士别三日，当刮目相看。这可是我锻炼一年的成果，怎么样，是不是进步很大？”

乐乐说：“真没白练，想当年你可是个比较懒惰的人，爬六层楼都喘得厉害。”

我得意地说：“那是因为刚上初中时，我个子没你和小丽高，还比你们胖，后来在老妈的督促下我决定要多运动，好好锻炼身体。你知道吗，我第一天锻炼回来像散了架一样，睡了一觉起来后，浑身都酸痛。直到坚持了一个星期后，才慢慢好起来，不再感觉那么累了，每天运动完后，还感觉蛮舒服的。有时候早晨去运动，看到公园里那些叔叔阿姨有的练太极，有的在跑步，有的在跳舞，比我的动作还灵活呢！那时我感觉很惭愧，人真的需要运动呀，所以我下定决心要坚持下去，因为多运动才能让我们变得更有活力！”

“所以你就一直坚持下来了！”乐乐感叹着，“看来我也需要加强锻炼了！平时在学校里，大部分时间都是坐着不动，回到家中也是坐着写作业、看电视、上网，运动的时候还真少。你平时一般都在什么时候运动呀？”

我说：“有时候是早上，有时候是晚上，每天我都坚持至少做半小时的运动，如慢跑、打羽毛球、骑车、跳绳、做操等。周末的时候我还会跟我爸爸骑车去郊游呢！平时我能走楼梯绝不乘电梯，看电视的时候，我也会利用广告时间，活动一下腰部，踢踢腿，做一些伸展运动。我之所以能坚持下来，是因为我发现运动以后，我真的变瘦了，而且不管从体质还是精神状态都比以前好多了。现在要是一天不运动，我就觉得好像少了些什么！”

乐乐突然下决心说：“晓雪，我决定要好好向你学习，从明天开始我也要运动，你可要监督我呀！”

我笑着说：“没问题，我们一起加油吧！正好以后打球我有对手了！”

乐乐也笑着说：“好！加油！你可不要松懈，小心我会超过你的！现在时间不早了，我要回家去了，明天见！”

我向乐乐摆摆手说：“明天见！”

女儿，看来你对运动给你带来的好处深有体会，为了鼓励你继续坚持运动，妈妈再向你介绍一些有关运动的益处。作为青少年，你现在正处于长身体的时候，经常进行运动锻炼有利于你骨骼的发育和身高的增长，并能增强心肺功能，提高身体的抵抗能力。根据医学研究表明，在青少年时期经常运动的人，成年后患上心脏病、高血压等疾病的概率将会大大减少。

经常运动对眼睛也有益处，比如现在青少年近视眼的人数逐年增加，这是因为你们的眼睛总是长时间近距离工作，如写作业、看书、上网等，眼睛一直保持同一个状态，在这种情况下，眼轴就会慢慢变长，从而造成近视。这时如果你能多参加运动，尤其是打乒乓球，会让你的双眼随着不断变换位置的乒乓球而不断运动和调节，从而起到消除眼睛疲劳、预防近视的作用。

经常运动还能提高你身体的反应速度，在遇到危险时，能够及时做出准确而迅速的反应。不仅如此，如果经常进行有氧运动，如跳绳、慢跑、踢毽子、舞蹈、游泳等，还能有健脑作用，能显著提高大脑的工作效率，从而让你的精神更饱满，思维更敏捷，学习起来也更轻松。

如果经常参加一些集体类型的运动项目或竞赛活动，还能够培养集体合作的精神，让你交到更多的朋友。同时运动还能够提高你的积极性和创造性，让你变得更自信，心态更健康，从而充满活力。

需要注意的是，要想锻炼好身体，就必须要坚持，每天运动的时间不用太长，半小时就可以了，再加上合理的膳食和良好的作息时间，运动的效果会更明显、更长久。

把脊背挺直，做气质美女

刚写了一会儿作业，我的头就不由自主地开始越来越低，几乎要趴在桌子上了。这时“啪”的一声，有人突然打了我的后背一下，我刚要发火，就听到妈妈的声音：“坐直了！看看你又驼背了，眼睛都快钻进书里去了。说过你多少次了，脊背要挺直，你总是记不住。”我撅着嘴说：“妈妈您打得我很痛！”

“打得痛，你才能记得住呢！”妈妈教育我，“如果你总是这样含胸驼背的话，脊椎可就真的变形了，一旦变形就很难再改回来了，难道你想做一个驼背姑娘吗？”

“当然不想了！”

“在你这个年龄，脊柱还处于生长过程中，因此比较脆弱。如果长时间保持不良坐姿的话，就会让你的脊柱变形。而且，你不是常说要让自己做个气质美女吗？你想想看，一个女孩如果平时走路和坐着的时候总是含胸驼背耷拉着脑袋，她给人的印象会好吗？”

我想了想这种姿势确实不好看，有些影响形象。妈妈看我不说话了，又继续说：“一个女孩即使长得不漂亮，只要她的服饰合体、彬彬有礼、举止优雅，往往比那些虽然长得漂亮但是举止粗俗、没有内涵的女孩更容易受到大家的尊重和喜爱。而且一个年轻人总是弯腰驼背，会让你显得苍老，所以要想拥有一副挺拔的身材，让自己的美丽不被这些举止破坏，就应该注意让自己的脊背挺直。”

我点点头说：“我以后会注意的！”

妈妈还告诉我说：“在平时，不管是站立、行走还是坐着，都要注意身体的姿势，让自己的背部自然挺直，看书写字的时候，注意不要过分低头，更不能趴在桌子上，这不仅会让你驼背，而且还容易让你的眼睛变近视。所以，挺直脊背对于青少年来说是非常重要的。你知道了吗？”

“妈妈，您说的我都记住了。我才发现原来含胸驼背会给我们带来这么大的伤害，您放心，为了我身体的健康，为了我能成为一个气质美女，我一定会时刻注意把脊背挺直的！”

看着我一本正经的样子，妈妈笑着说：“记住了就好，你可不要让妈妈失望呀！”

“您放心！我一定不会的！”

在生活中常常看到很多女孩子只注意自己的外貌和服饰美不美，却忽略了自己的言行举止，坐时含胸驼背，走路时耷拉着脑袋，佝偻着身体，一副懒懒散散的样子，十分影响形象。为了让你的脊背能够挺直，使行为举止变得优雅，妈妈现在告诉你应该怎么做。

站立的时候头要正，目视前方，下颌微收，双肩自然放松，双臂自然下垂，挺胸收腹，腿要并拢站直，脚跟靠拢，双脚呈 60 度分开，身体要有一种直立向上的感觉，这样才能给人一种挺拔的美感。

坐姿的时候，要注意上半身和脖子都挺直，下巴微收，双肩放松，双手自然放于双膝或扶手上。如果看书或者写作，要注意自己的身体与桌子保持一拳的距离。不论是什么样的坐姿，女孩儿都要注意自己的双膝不能分开，双脚不要呈八字形。尤其是女孩儿在穿裙子时，更应当注意并拢双膝，并且在坐下之前，把裙子向前拢一下，千万不要懒懒散散地瘫坐在椅子上，这些都是极为不雅观的。

走路的时候同样要抬头挺胸收腹，双臂摆动的幅度不要太大，脚尖向着正前方，脚跟先落地。走路时注意不要低头或后仰，左右摇晃，走外八字或内八字；而是要步态轻盈、节奏快慢适当。穿裙子时注意不要跨大步，穿裤子时则可步幅稍大一些，这样走路会显得自然大方，给人一种稳重优雅的感觉。

此外，在平时你还要加强体育锻炼，提高身体的素质，这对于脊背和身体来说都是十分有利的。

只有从生活中的一点一滴做起，才能逐渐培养起良好的习惯，让你的形象有所改观。这样无论你走到哪里，良好的身体仪态都会给人以自然大方、稳重优雅的感觉，才能成为一个气质美女！

每天都有好心情

放学时，乐乐看着我哼着歌很高兴的样子，好奇地问："晓雪，今天心情不错呀！有什么高兴的事啊？"

"乐乐，你知道吗？我发现心情好的话，不管做什么事情都很有效率。今天我用一节自习课的时间就把所有的作业都做完了。"乐乐竖起大拇指说："晓雪，你真厉害！我在自习课上才写完两科作业。"

"其实我这个人特别容易受情绪影响，如果心情好了做什么都特别快，如果心情不好那效率可就低了！"我深有体会地说。乐乐点点头说："你说的没错，每次我心情低落的时候，即使很努力去学，学习效果也是一塌糊涂。当我心情愉快的时候，很轻松地就能达到很好的学习效果。"接着她又感叹了一句："如果我们每天都能有好心情就好了！"

回到家中，我还在想乐乐说的话。是呀！要是每天都能过得很开心那该多好啊。可是生活中总是有那么多烦恼，这个理想好像不太容易实现。我感慨地对妈妈说："妈妈，您说我们怎样做才能天天都有好心情呀？"

妈妈说："那很好办呀！每个人都是自己心情的主人，如果你想变得快乐起来，你就天天对自己说'我今天很快乐'，你就会发现你真的会变得很快乐！"

"可是妈妈，每个人都有自己的烦恼呀！"

"是呀，每个人都会遇到烦恼，我们虽然不能避免烦恼，但是我们可以用积极的心态去对待它。就像面对同样半杯水的时候，乐观的人会说：'太好了，我居然还有半杯水。'而悲观的人却说：'我这么惨，只剩下半杯水了。’通过这件事情可以看出，同样的事情用不同的态度去看会产生截然不同的两种效果。这就是说，任何事情都有两面性，关键是看你怎么去看待它。你说呢？”

听了妈妈的话，我似乎明白了一些什么。

女儿，要想每天都能拥有好心情，首先需要自己能有一份良好的心态，积极地去面对自己的人生。

每天从睁开眼睛开始，你可以试着微笑着对自己说“今天是开心的一天！”然后带着愉快的心情去开始一天的学习、生活。即使自己心情不好，你也要告诫自己，不要让昨天的烦恼影响到今天的心情。可以让自己回忆一些愉快的事情，用微笑来鼓励自己，甚至可以试着强迫自己表现出一副开心的样子，用微笑去对待你遇到的每一个人。当你试着转移自己的情绪时，原来的不良情绪就会被冲淡，从而重新恢复愉快的心情。

在生活中遇到挫折和失败时，要学会从遇到的烦恼或问题中吸取经验和教训，而不是让它们来影响自己的心情。你想想看，如果因此产生了不良情绪，对你来说一点帮助都没有，只会让事情变得更糟。对任何事情都不要只看消极的一面，而是要看到积极的一面，不论是顺境还是逆境，都要学会泰然处之，这样才能让你在生活中拥有更多的快乐，拥有好的心情。

你还要明白，世界上没有完美的人，每个人都有自己的缺点和弱点，所以你要学会正视自己的不足，能够接受他人对你的建议和忠告。在平时要学会感恩，学会付出，热心地帮助他人，这不仅能让你变得快乐，而且会让你拥有很多朋友。

另外需要注意的是，不要和别人攀比任何东西，因为攀比心会让你失去快乐。一个人最大的敌人往往就是自己，其实只要做好自己、比过自己，那就是成功，千万不要把名利看得太重。对待事情也不要斤斤计较，要学会宽以待人，培养自己宽广的胸怀。

一个人要想生活得快乐，还必须有自己的奋斗目标，有自己的理想，要学着培养自己广泛的兴趣爱好，这会让你的生活变得充实和丰富，会让你感受到生活的美好。

不管怎么说，妈妈希望你能明白，生活是自己的，快乐也是自己的，能否拥有一份好的心情，都是由自己来决定的。

第十二章 安全教育，珍惜自己的花样年华

安全教育对于青春期的女孩来说非常重要。根据调查显示，很多女孩由于缺乏必要的安全知识和辨别是非的能力，往往在遇到不良诱惑或者伤害时不知所措，从而让自己走入歧途或者受到伤害。所以，提前让她们了解一些有关吸毒、黄色网站、抽烟喝酒等不健康的行为带来的伤害，懂得一些如何摆脱性骚扰和陌生人跟踪的知识，教会她们在生活中遇到这样的问题该如何解决，这对于女孩的健康成长、树立正确的生命价值观是十分重要的。

如何看待生与死

乐乐在暑假不小心把腿给摔伤了，需要住院观察几周。为了避免乐乐在医院里太孤单，我和小丽一有时间就往医院跑，陪乐乐聊聊天。这天我和小丽又结伴去医院探望乐乐，推开病房的门，我们发现乐乐的病房里又住进来一位非常可爱的小女孩。

乐乐看到我们来后，高兴地招呼我们说：“快进来吧！给我带来漫画书了吗？”

“带了，看你着急的。”小丽说着就把我们带来的七八本漫画书给了乐乐。

乐乐马上从里面抽出一本，递给那个小女孩说：“小妹妹，这个是给你看的！看完后还可以从姐姐这里拿，知道吗？”

小女孩赶紧把书接过去，高兴地说：“谢谢姐姐！”

接着她又眨着她那双水汪汪的大眼睛看着我们，对我们甜甜地笑了笑：“你们一定是乐乐姐姐的好朋友吧，谢谢你们给我带来了好看的漫画书。”

小女孩可爱的样子真是讨人喜欢，我问她：“你今年几岁了？”

“9岁了！”小女孩一边说一边从床头柜里拿出一叠纸来，“你们看，这是我画的画。”

“好漂亮的画啊！你真棒！”我对小女孩说。就这样我们很快成为好朋友，一起有说有笑。

趁着小女孩和父母出去散步的时候，乐乐告诉我们：“你们知道吗，那个可爱的小女孩得的是骨癌，听医生说，她只剩下两三年的生命了。”

小丽感叹道："真是太可怜了！"

乐乐说："我也很心疼她，所以当我发现那个小女孩喜欢看漫画书时，就赶紧叫你们带来一些，我想在我力所能及的范围内，让她快乐地度过生命中的最后一段时间。"

"乐乐，你做得很好！这样吧，我和小丽回家看看还有没有适合这个小妹妹玩的玩具和看的书籍，如果有的话，明天我和小丽给你带来，然后把它们送给小妹妹，好不好？"

"好哇！这个主意太好了！我双手赞成。"小丽拍手赞同道。

乐乐对我们说："你们知道吗？这几天我经常看到小妹妹的母亲偷偷掉眼泪，看得我心里也特别难受，我一直在想，为什么人的生命这么脆弱！"乐乐叹了一口气，接着说："我的腿伤马上就好了，下周就可以出院了，本来是一件挺高兴的事情。可是想到这个小妹妹年纪轻轻就要面临死亡，我有些伤感。这几天在医院看到的这些事，让我深刻地感到生命的珍贵，我们一定要好好珍惜自己的生命才行。"

听完乐乐颇有感触的一席话，我也深有感触地说："活着真好！"

女儿，妈妈经历了十月怀胎后的艰辛，看到你呱呱坠地时非常开心，心想：我的宝贝将要开始自己的人生旅程了。直到为人父母以后，妈妈才深刻地体会到你姥姥和姥爷当年抚养妈妈的艰辛和不易，终于知道父母对孩子的爱是多么深切，只是有时候并不善于表达而已。所以妈妈希望你能了解父母对你的爱，好好珍惜自己的生命。

每个人的生命只有一次，生老病死是人生的必然旅程，是人们无法选择也无法改变的一种自然规律。我们唯一能做的就是主宰自己从生到死这段生命旅程。在时间的长河中，人的生命是如此短暂，而正是因为生命的短暂而唯一，才让我们的生命显得如此珍贵。因此，我们每个人首先要学会的就是热爱自己的生命，好好珍惜现在和生命中的每一天。

当妈妈看到一些和你一样处在花季的孩子，因为生活中的一点点挫折或失败而选择用自杀的方式来结束自己年轻的生命时，妈妈感到十分痛心。因为他们不明白人生不可能是一帆风顺的，任何人都会有不顺心的时候。在遭遇挫折时只要自己能够勇敢地走下去，你就会发现依然海阔天空，依然能够创造美好的未来。

妈妈希望你在遇到人生的困难和挫折时要相信自己，要勇敢地接受人生的“洗礼”，学会跌倒了再爬起来。你还年轻，以后人生的路还很长，只要鼓起勇气走下去，就可以创造出自己的一片天地。你要明白，人活在这个世界上，要利用自己有限的生命去开拓自己的人生，创造生命的价值，让自己的生命更有意义，这样才不枉费自己的人生。

抽烟、喝酒，一点儿也不酷

“晓雪，乐乐，今天晚上别忘了去饭店吃饭。”小丽一大早就告诉我们。

晚上，我和乐乐一走进饭店包间，就看到桌子边基本都坐满了人，正好还剩下两个空位。

“你俩快进来，还愣着干什么。”小丽看到我们进来后赶紧招呼我们。“你俩不用客气，这些都是我的亲戚和朋友，没有外人。”

不一会儿，桌子上就摆满了菜，有红烧肘子、粉蒸排骨、清炒虾仁、松仁玉米……看得我和乐乐口水都快流出来了，不用说，我和乐乐马上拿起筷子开始和这些美食作战。

不过还没等我和乐乐吃一会儿，小丽的表哥就提议一起为小丽的生日干杯庆祝一下。

这时，我看到我们杯子里倒进的不是果汁而是啤酒。

我和乐乐面面相觑，然后异口同声地说："我们不会喝酒。""没关系，这又不是白酒，只是啤酒而已，不会醉的，你们不练练，永远也不会喝的。正好今天小丽生日高兴，就喝一杯吧！"在小丽表哥的劝说下，我和乐乐决定尝试一下，不过啤酒喝到嘴里感觉有些涩涩的、苦苦的，一点儿都不好喝。

等我们一大桌人快吃完饭时，有人开始发烟。"你们两个小姑娘抽不抽烟？"说话的是小丽的表姐。我和乐乐摇摇头说："谢谢，我们两个不抽烟。"说着，小丽的表姐给自己点了根烟，我和乐乐吃惊地望着她说："姐姐，你也会抽烟呀？""当然了，抽烟的女人才酷嘛。你们两个要不要学学？"

我和乐乐连忙摆手说："不用了。"

回到家中，我躺在床上想着小丽表姐说的话，抽烟、喝酒真的很酷吗？为什么我才喝了一小杯啤酒就感觉头很痛呀？

女儿，千万不要再喝酒了，香烟更是不能碰。

对于抽烟、喝酒，很多青少年像你一样，由于好奇，想亲身体验一下。有人觉得只有这样才是成熟的表现，有人认为抽烟、喝酒很酷而炫耀自己，有人是盲目模仿电视里抽烟、喝酒的镜头，有的则是受他人影响等。青少年一旦染上抽烟、喝酒的坏习惯，久而久之便会沉溺其中。也许你们并不知道，这些会对你们的身体造成多大的伤害。

为什么这么说呢？因为青少年还处于身体的发育期，香烟中所含的尼古丁和酒中所含的酒精对于你们的身体都会造成伤害，如酒精容易对肝脏、肠胃、心脏等造成伤害，而香烟则有害于呼吸系统、肺部、心脏等，还会增加患心脑血管疾病以及癌症的风险。

科学家曾经做过一个实验，他们把一根香烟点燃，然后通过一个导气管输送到另一个烧瓶里，结果发现这个烧瓶里的昆虫开始出现强烈的反应，没过多久，这只昆虫就在香烟烟气的作用下死亡了。从这里你就可以看出香烟的伤害力有多大。

根据医学研究表明，青少年如果烟酒成瘾后，其记忆力、思维能力、理解能力、运动机能等方面都会发生退化，严重的甚至还会导致一系列神经方面的疾病。

对于你们来说，抽烟、喝酒是有害无利的，而且抽烟、喝酒一点儿也不酷。为了你的身体健康，妈妈希望你能远离烟酒。

远离网络世界的“黄毒”

今天写完作业后，我打开电脑准备上网。在网上我除了查查学习资料，看看电影或者动漫之外，另一个爱好就是在QQ上跟同学和朋友聊天。

我打开QQ一看，小丽也在线上。我很熟练地打上一行字：“小丽你在呢，我还以为你早就睡了呢！”

“嘀嘀”两声，小丽很快给我回复了一条信息：“都是因为我表哥今天用我的电脑上了那些黄色网页,结果让我的电脑中病毒了。我鼓捣了半天，才把病毒杀干净。”

我马上回复说：“那你惨了！不过，你如实招来，有没有看过那些黄色网页和视频呢？”

小丽马上给我回复两个大叹号，回复：“我可是纯洁的小女孩，怎么会看这些东西？不过我曾经看过不是很纯洁的图片,要不要给你发过来？”

还没等我回话，小丽就给我发过来一张两个人裸体的图片。吓得我手一哆嗦，差点没把杯子里的水给洒出来。

我马上回复：“小丽你知道吗，你现在这是在毒害我纯洁的心灵。”谁知我刚把信息回复过去，妈妈突然推门进来给我送苹果，一眼就看到屏幕上小丽发过来的那张占了大半个屏幕的裸体图片。妈妈的脸一下子就黑了下来，严厉地说：“晓雪，你在看什么？”

我连忙把QQ关掉，解释说：“妈妈你别生气，这是她开玩笑，故意给我传的一张图片。我可没有浏览黄色网站什么的！我还怕我的电脑中病毒呢！”

妈妈瞪了我一眼说：“没有最好，如果我发现你在网上看一些乱七八糟的图片或者黄色视频的话，一年之内都不会再允许你上网了，还有，作为女孩子，要矜持含蓄，即使在网络聊天时也不能开这种低俗的玩笑。知道吗？”

我连声说:“我知道,我知道！”这个臭小丽非要给我发什么黄色图片，害得我又挨了顿批评。

女儿，由于你们现在年纪还小，心智还未成熟，自制力也比较差，又赶上正是青春期好奇心比较强，因此很容易受到外界的诱惑。再加上一些唯利是图的不法商家利用各种手段想吸引你们的注意，如在一些网站上会有一些不良的信息和链接诱惑你们去打开，你们一旦接触那些色情网站就很容易沉迷于此。所以，妈妈希望你能有良好的控制力，不要让自己受到这些不良信息的诱惑，要远离这些“黄毒”，避免对自己身心造成伤害。

妈妈告诉你一个发生在我们身边的真实例子吧！我有一个同事，他的儿子和你一样大，也是初二的学生，在好奇心的驱使下，他的儿子逐渐沉迷于浏览色情网站和观看黄色视频中无法自拔，于是整天想入非非而无心学习，成绩也直线下降。当我的同事知道这件事情后，并没有责怪儿子，而是告诉儿子：“你们这个年龄段对此有好奇心是正常的，但是通过网络上这些黄色视频、信息来了解是错误的，应该通过正常的渠道进行了解。”于是他找来一些有关生理健康的书籍和视频，跟儿子一起看，必要的时候还会给儿子详细地讲解，告诉他，如果有什么不明白的，可以问父母或者通过阅读医学书籍等正常渠道进行了解，绝对不允许接触那些不良文化。就这样，同事的儿子对性知识有了充分了解以后，成功地让自己摆脱了“黄毒”的危害，重新恢复到正常的学习之中。

女儿，听了这个例子，你知道应该怎么做了吧！因为你们一旦沉迷于此，轻则荒废学业，重则对此会产生试一试的想法，尤其是女孩子，不管从生理还是心理来说都还不成熟，最终只会给自己造成伤害，有的甚至会走上犯罪道路。所以，妈妈希望你能通过正当的渠道来了解这些生理问题，如看一些有关生理健康方面的书籍或视频，遇到不懂的问题也可以问妈妈和爸爸，让自己远离“黄色污染”，健康地成长。

千万别对赌博感兴趣

乐乐今天一大早就开始给我讲述她昨天听到的最可怕的新闻：她家小区里有一个人，前几天上吊自杀了。

乐乐说："我前几天看到警车出现在我家的小区里，后来看见一个盖着白布的尸体被抬了出来。当时把我吓坏了，我还以为小区出了什么人命案呢？昨天晚上刚好听到爸爸也在谈论这件事情，我才知道整件事情的来龙去脉。"我好奇地问："是怎么回事？"

"这个人本来是做服装生意的，由于有经济头脑，所以不到几年就赚了不少钱，不但购置了好几套房子，而且还买了一辆奔驰汽车。他的妻子很漂亮，儿子也很可爱，一家人可谓是衣食无忧，生活得十分幸福。可是好景不长，后来他被生意场的一个朋友带去赌博了一次，之后便沉迷于此，无心再管理自己的生意。不到两年的时间，就输掉了自己的汽车和几套房子，他的妻子对他反复劝告无效后，一气之下，带着儿子和他离了婚。没有了家人的看管，他更加肆无忌惮地参与赌博，最后越陷越深，没有钱他就借钱赌博。结果越输越多，欠下数百万的债务，每天都有好几个债主上门讨债，后来他知道自己永远也还不起这些沉重的债务了，于是就在绝望之中在家里自杀了。"我说："太可怕了！看来赌博真是害死人呀！"

"我爸爸还告诉我，现实中有不少学生也会去玩一些赌博机之类的游戏，有的则会不断地花费大量金钱来购买虚拟世界的身份、地位、武器和装备。其实这些都算是赌博的行为，但是一般青少年却意识不到，反而深陷其中，不但浪费自己的时间和金钱，还耽误了学业。所以，我爸告诉我千万要远离赌博。”

我点点头说：“看来不管是对小孩还是大人，只要对赌博感兴趣，都会受其危害的。”

女儿，想必你早已知道赌博害人不浅，不管是小孩还是大人，不管是学生还是已经工作的人，一旦沾染了赌博，便很容易沉迷于它。赌场上没有永远的赢家，最终只能是一输再输，输到自己一无所有。有人可能会说：“小赌怡情，大赌伤身。我只要不赌大的，娱乐一下也没什么呀！”殊不知，赌博跟偷窃一样，难道偷小的东西就不算是偷窃了吗？所以小赌大赌都一样，都是赌，没有大小之分，而且赌来赌去，时间一长很容易上瘾，赌注也会越来越大。所以，不管小赌还是大赌都是不应该的。女儿，你也许要问了，为什么会有那么多人赌博呢？那是因为人的贪念造成的，有些人想不劳而获、一夜暴富，于是就选择了赌博。

对于学生来说，参加赌博危害则更多。因为学生比成年人自制力更差，一旦参与赌博，就很容易沉迷于此。赢的话不会满足，还想继续赢得更多；输的话则总想着翻本，把输掉的再捞回来，结果让自己深陷其中不能自拔。在这种情况下，怎么还能有心情学习呢？于是难免就会迟到、早退、不能按时完成作业、旷课，即使上课，由于长期熬夜赌博，也很难集中精力，从而造成学习成绩下降。

赌博还会影响你们的人生观和价值观，让你们觉得可以不劳而获，时间一长容易让你们变得好逸恶劳、自私自利、见利忘义、只注重金钱等，更严重的还会走上违法犯罪的道路。据相关部门资料统计，学生中有相当一部分人因为长期参与赌博，输光了自己所有的钱后借钱来赌博，最终走上了盗窃同学财物的道路，从而被学校开除，甚至被判刑，类似的事情时有发生。现实中还经常发生因为赌博而引起的暴力犯罪事件。此外，在赌博的过程中还很容易沾染上抽烟、饮酒等不良习惯。由此可见，赌博对青少年是有百害而无一利的。

妈妈希望你能看清楚赌博的真相，赌场上“十赌九输”，再多的钱、再大的家业也能输光。远离赌博，脚踏实地地做自己的事情，才是最重要的。

离家出走能解决什么

晚上10点，我正准备睡觉时，听到有人在敲门，打开房门一看，门外站的竟然是小丽。我赶紧把小丽迎进来，说：“小丽，这么晚了，你怎么还跑出来了？”

小丽摆摆手说：“别提了，我和我爸吵架了，一气之下我离家出走了，可是出来之后我才发现我身上没带一分钱，大晚上的我又没有其他地方可去，所以就跑到你家来想借住一晚上。”

我张大嘴巴吃惊地说：“小丽，你竟然离家出走。到底为了什么事呀？”

小丽说：“你能不能先给我吃点东西，从今天中午到现在我还一点儿东西都没吃呢，再加上在街上走了半天才到你家，简直是又累又饿！”

小丽一边吃着我拿给她的面包，一边告诉我说：“今天我好不容易才上完补习班的课，想好好放松一下，所以我回到家就把书包往床上一扔，躺在沙发上看电视，我爸看到后就开始训斥我说：‘你整天就知道看电视，不知道学习。’我不服气地驳斥说：‘我平时大部分时间都是写完作业才看的，就今天想放松一下，你还说我。’爸爸看到我竟然敢反驳他，立马就火了，于是就把以前我犯的那些错误都拿出来数落了我一遍，最后还说了一句：‘长大了不服管教了是不是？有本事你就给我出去，不要再回来了。’听了爸爸的话，我一气之下就跑出来了。”

听完小丽的话后，妈妈对小丽说：“你现在还是赶快给你妈妈打个电话吧，他们现在肯定很着急呢！”

小丽撇撇嘴说：“阿姨，他们才不着急呢！要不然怎么会说‘走了就别回来’这样的话。”

妈妈微笑着说：“傻丫头，那不都是你爸爸说的气话吗？这样吧！你先在我家住着，等什么时候气消了再回家。我去跟你家人打个电话。”

小丽揉揉头说：“好吧！阿姨，其实我现在也很头疼，不知道该怎么办才好。”

看到小丽语气松动了，妈妈赶紧往小丽家打了个电话。打完电话后，妈妈告诉我说，小丽的父母都急坏了，她妈妈急得都哭了，她爸爸早已经出门去找她了。幸好妈妈及时打了这个电话，才让他们放下心来。我叹了一口气说：“看来离家出走真不是件好事情！”

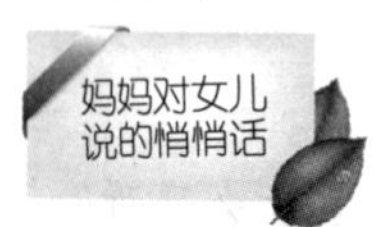

女儿，通过小丽这次离家出走事件，希望能给你起到警示作用，不管和家人出现什么样的矛盾或问题，都不要认为通过离家出走可以得到解决，这只会对自己和父母造成伤害。所以，千万不要因为和家人发生矛盾就离家出走。

妈妈看过很多新闻报道青少年离家出走这一现象，只是没想到这样的事情也会发生在我们身边。女儿，你知道在你们这个年纪为什么会容易离家出走吗？那是因为处在青春期的少男少女们心理非常敏感又容易冲动，心理承受能力差，又不善于自我协调，总觉得自己已经长大了。但其实不管从心理还是生理来说，你们都并不成熟，一旦和家人出现矛盾就容易离家出走。还有一个原因，就是由于你们对外面社会的无知造成的，总认为外面的世界更精彩，离家出走，可以体验到一些更加刺激的生活，甚至认为自己说不定还会有什么奇遇。有这些想法，只能说明你们太过天真，不知道社会的险恶，也从来不想自己出走后将会遇到的一系列问题。

首先，即使你们出走时带了钱，但时间一长，也会遇到没钱吃饭的问题。你们年龄太小，没有谋生的任何技能，当你们身无分文、吃住无着落时，你们将如何生存？在饥寒交迫之下，有的可能去乞讨，有的可能就会铤而走险，进行偷盗、抢劫等违法犯罪活动。

其次，离家出走后，由于你们年纪太小又身单力薄，很容易成为社会上坏人欺负、敲诈、抢劫和侵害的对象。尤其对于女孩子来说，更容易受到坏人的注意和侵害，危险系数比男孩子更高，产生的危害性也更大。

还有，你们有没有想过，离家出走，会中断你们正常的学业，这对学习是极其不利的。现在属于科技时代，没有知识和文化在社会上是很难找到工作和生存下去的，这对你们现在和未来的人生都是不利的。

除此之外，你们的离家出走将会给父母带来无限的担心和害怕。为了寻找你们的下落，他们不但要花费大量的人力、财力和时间，在精神上承受的痛苦和压力更是难以想象。你们可以试着换位思考一下，当你们辛辛苦苦将自己的孩子抚养长大，并把自己的爱全部给予了他，但是他却因为一点儿小小的矛盾就离家出走了，家长该多么痛心和难过，该是多么焦急万分呀！每一位父母都是爱自己的孩子的，只不过可能有时表达的方式有些不对，但是你们可以和他们去沟通，说出自己的想法。你们想想看，如果自己连父母都不信任的话，还有谁能值得你去信任？如果你觉得父母对自己不好，那么谁又会比父母对你更好呢？

因此，不论你们由于什么原因离家出走，后果都是一样的，绝对是有害无益的，不仅伤害了自己还伤害了家人。妈妈再次告诫你，离家出走并不是解决问题的好办法，它只会让你们越来越糟。必须正视生活中所遇到的问题，想办法去解决、去沟通。如果是家长的问题，你们就要学会与家长沟通，提出你们的想法和意见，如果是你们自己的错误造成的，就应该勇敢地承认。对于你们来说，这才是最正确的选择。

不要走入吸毒的人群

今天一上课，老师就向我们展示了几张盛开着的鲜花图片。图片上那些五颜六色的花朵，真的好漂亮呀！老师说："你们知道吗？这些美丽的花朵就是罂粟花，它的果实是制造毒品的原料。那么我想问问同学们，你们知道毒品有哪些种类吗？"这时我们纷纷举手发言，有说海洛因的、有说冰毒的……

听完我们的回答后，老师说："你们说得都很对！这些都是毒品。"接着老师用图片和视频向我们介绍了鸦片、海洛因、冰毒、大麻、可卡因和摇头丸等毒品，并且还详细讲解了毒品的危害。

下课后，我们几个女生仍在讨论这堂给我们留下深刻印象的毒品教育课。

"看着老师讲的那些触目惊心的案例，简直太可怕了！毒品竟然能把一个健康的人变得骨瘦如柴，失去人性，不但弄得家破人亡，而且为此不顾一切地犯罪，真的像疯子一样，太恐怖了。”下课后，乐乐仍然心有余悸地说，“对了，还有那个小勇也太傻了，因为对毒品好奇竟然产生试一试的想法，还真以为凭借自己的能力可以戒掉，结果可好，最后自己却因吸毒过量而死亡。”

小丽说：“听完老师的课，我觉得最重要的还要防止上当受骗，那些毒贩也太可恶了，竟然往香烟、食物和饮料里掺放毒品，然后诱骗别人食用，来满足自己的欲望。看来以后我们在遇到陌生人时要小心了，千万不要听他们的花言巧语和吃他们递过来的食品。”说完，小丽拍拍乐乐的肩膀说：“尤其是你乐乐，太单纯了，以后遇到坏人的诱惑时，你可千万要提高警惕呀！”

乐乐撅着嘴，不高兴地对小丽说：“哼，你也太小看我了，我才不会上当受骗呢！”

眼看着这两位又有斗嘴的趋势，我连忙打断她们说：“好了好了，你俩就别斗嘴了，以后只要我们提高警惕，谨慎交友，不受毒贩的诱惑，远离毒品，就不会让毒品危害我们的生活了。”

今天这堂课最大的感触就是：珍爱生命，远离毒品！

晓雪，看来你从老师的这堂课上学到了不少有关毒品的知识，认识到毒品的危害。除了你了解的这些，妈妈再给你补充一些内容。毒品的危害在于它会让人体对它产生一种依赖性，一旦吸毒就无法停止。这是因为人在吸食毒品后，会在毒品的作用下形成一种新的平衡状态，一旦停止吸食后，生理功能就会发生紊乱，出现流汗、呕吐、恶心、腹泻、疼痛等一系列让身体痛苦万分的戒断反应，这些痛苦会反过来促使吸毒者继续吸毒。

而且，毒品还会作用于人的神经系统，在吸食后会让人产生幻觉和精神障碍等，使吸毒者对毒品产生一种精神上的依赖，出现一种对毒品渴求的强烈欲望。这些都会使吸毒者逐渐丧失人性，会不顾一切地去寻找和吸食毒品，最终走上自杀或者犯罪的道路。而且，这种依赖性即使经过戒毒治疗也很难消除，这就是为什么很多吸毒者在戒毒后又一而再、再而三地吸毒的原因。

除此之外，毒品还会摧毁人体的神经系统，影响人体正常的生理功能，导致身体发生病理变化，如人体免疫力下降、身体反应迟钝、动作失调、妄想嗜睡等中毒反应。通过静脉注射毒品还会给吸毒者带来感染性合并症，同时也导致了传染病的发生，如乙型肝炎和艾滋病的传播。

在吸毒人群中有很大一部分是青少年，正是由于青少年心理防御能力太差，而且对事物怀着好奇心，又欠缺判断是非的能力，因此很容易受到坏人的影响而吸毒。所以在平时要提高警惕,千万不要听信吸毒者的谎言，不接受陌生人递给的饮料和香烟，不要进入一些治安复杂的娱乐场所，不要结交那些不爱学习、思想消极、喜欢抽烟酗酒、不务正业的不良朋友。在遭受到困难和挫折时，千万不要自暴自弃，依靠吸毒来消愁。

最后，妈妈希望你能在日常生活中提高警惕，树立正确的人生观和价值观，珍惜自己的健康和生命，学会用积极的态度去生活，做一个拒绝毒品的好孩子！

远离“校园暴力”

“你知道吗？特大新闻，咱们班王超被人打了。”我今天一到学校乐乐就告诉我这个消息。

“真的吗？”我回头看了看王超的课桌上果然是空空的。

“到底是怎么回事？”我问乐乐。

“好像是高年级的两个同学，看他穿的比较好，家里的条件比较富裕，所以就向他要钱。”

“那王超给了吗？”

“他没给，所以就跟他们打了起来，结果一个人当然打不过两个人，所以被他们拳打脚踢了一顿，他受了伤，今天才没上学的。”乐乐说。

“简直太可怕了，没想到平时在新闻中看到的校园暴力事件，竟然真实地发生在我们身边。”我又问乐乐：“对了，你是怎么知道这么详细的，难道你看到了？”

“我没有看到，我要是看到了还不得吓坏了？不过我认识知情人士，所以才有这么灵通的消息。”乐乐低下身子，凑到我的耳边，悄悄地对我说：“是我同桌亲眼看到的，今天是他先告诉我的。”

我说：“当时你同桌为什么不出来帮王超，怎么说他也是咱们班的男生呀！”

“我当时也问我同桌这个问题了，可是我同桌说：‘那俩小霸王谁敢惹得起，我躲还来不及呢，还帮忙？算了吧’。”

我鄙视地说：“你同桌真是个胆小鬼，帮忙又不是让他打架，我是说他当时应该立马告诉学校老师，让老师出面制止，接下来不就不会发生这么严重的事情了。”

乐乐一拍脑袋说：“对呀！这个办法不错，要是真让我同桌打架，就他那小身板还真不是那两个高年级学生的对手。如果当时他赶快告诉老师，或许就不会出现王超被打受伤的后果了。”

我接着又问：“那学校知不知道这件事情？那两个高年级学生有没有受到处罚？”

“学校知道了，今天一大早王超的父亲就来到学校，向校长通报了这件事情，那两个高年级的同学现在还在校长室待着呢！”乐乐接着说，“虽然他俩会被学校处分，但是我还是有些害怕，如果同样的事情让我们遇上了该怎么办呀？”

我想了想说：“为了防患于未然，咱们可以多叫上几个同路的同学结伴一起走。如果实在不行，我们可以让家长放学来接我们回家。”乐乐拍拍我的肩膀说：“嗯，这个主意不错，还是你聪明！”

妈妈得知你们学校发生了这种校园暴力事件后，真的有些担心。不过看到你竟然已经想到了结伴而行这种不错的应对方法，妈妈还是很高兴的，看来你已经有一定应对突发事件的能力了。

学校暴力事件大多是学校里个别同学，为了满足自己上网、吃零食等欲望，强行向低年级的同学索要“零花钱”或者强行索要其他同学的文具、手表等物品，有时还会强迫其他同学做他自己不喜欢的事情等。

那么，面对校园暴力你该怎么办，该如何保护自己不受到伤害呢？除了你想到的方法外，妈妈再告诉你一些需要注意的事情。

放学后尽量避免去一些偏僻的街道或者人烟稀少的地方玩耍。自己平时在经过这些地方时也要提高警惕，上学的路上尽量走人多的地方，经常变化上下学的路线，避免让不法分子有可乘之机，如果有条件的话，同学之间最好能结伴而行。

如果遇到学校的“小霸王”向你要钱时，首先要告诉自己不要害怕或者慌乱，而是要让自己冷静下来，心里想好对策。这时如果有结伴同行的同学，最好能有一个人想办法溜掉，赶快找家长或者老师来帮忙，或者报警。现在很多学生已经有了手机，所以可以利用手机来报警或者向家长和老师寻求帮助。

如果碰上势力强大的“小霸王”而又无法逃脱掉时，你可以先把钱物给他们，不要和他们发生正面冲突，想办法记清楚他们的模样。事后，要赶快告诉老师和家长，情节严重的可以向警方报案。千万不能逆来顺受，受到勒索或者敲诈后依然忍气吞声。软弱的行为只会纵容他们，只会让这些不法分子觉得你好欺负，反而会让他们变本加厉继续欺负你。所以事后一定要及时报告老师，让学校对这些施暴者进行严厉惩罚，如果害怕报复可以让学校或者父母实施跟踪保护，避免再次受到伤害。

除此之外，你还要注意谨慎交友，不与那些不良学生或者社会的闲散人员接触或交朋友，不去那些人员复杂的娱乐场所，如舞厅、游戏厅等。并让家人及时了解你的交友状况，以便对你指导或者提醒。

总之，妈妈希望你能够提高警惕，学会一些保护自己的方法或手段，避免自己受到伤害！

如何聪明地摆脱“性骚扰”

“晓雪,你有没有看今天的报纸？”小丽拿着一张报纸让我看。“没有，有什么新闻让我看看吧！”我接过小丽手中的报纸，上面写着：女学生更易遭遇性骚扰。

看完新闻后我惊呼说：“这简直太可怕了！怎么会有这样的男老师，竟然会骚扰自己的学生？”

“虽然我们学校没有这样的老师，但是谁知道以后会不会遇上，所以我们要提高防范意识才行呀！千万不要单独去男老师的宿舍，要是有事情也要叫上几个同伴才行！”小丽告诉我。

“我知道了！谢谢你小丽，你让我又懂得了一些保护自己的知识。”

“不用谢，谁让咱俩是好姐妹，当然是有福同享、有难同当啦！其实我以前也并不太注意这方面的事情，后来在公交车上我亲身遭遇了一次性骚扰，才对这方面的事情开始注意。”小丽叹了一口气说。听了小丽的话，我简直不敢相信，瞪大眼睛说：“你还遭遇过性骚扰！”

小丽喝了一口果汁说：“可不是，让我想想都觉得恶心。那是今年夏天发生的事情。那天我从表姐家回来，正好遇到下班高峰，公交车里特别挤，这时我觉得好像有什么硬物在我的身上蹭，我往旁边挪了挪位置，可是不到一会儿，又有被蹭的感觉。我回过头一看，是一个短头发 30 多岁的男人，站在我的身后，他当时看着窗户外面，这时我吃惊地看到，他下边的那个隔着裤子都可以看出来，已经鼓得老高，把我吓了一跳，当我明白是怎么回事的时候，我非常生气地对他喊：‘你挤什么？’幸好旁边有个好心的阿姨说：‘我要下车了，你坐这里吧！’这才帮我解了围。所以我才要告诉你，坐公交车的时候千万要小心，要尽量站在女性身边，如果觉得身边的男人不对劲儿，一定要赶快换个位置。这可是我总结出来的经验，你可要记住呀！”

我点点头说：“好，我记住了，看来我们必须要懂得一些防范知识呀！”

女儿，你越来越大了，接触的环境也越来越复杂了，如果自我保护意识缺乏的话，很容易受到性骚扰。为此，妈妈教你几个防范的招数，以防你在以后生活中遇到同样情况时不知道该如何处理。

如果在公交车上遇到骚扰，如有的男性趁人多故意抚摸或者紧贴你的身体时，一定不能软弱，要勇敢地站出来和色狼作斗争。你可以先狠狠地瞪他几眼，让他知道你不是好惹的，然后可以利用手中的东西把他推开，大声对他说：“请你往后点，这边太挤了，不然会踩到你的。”还可以对他说：“先生，我的胳膊受了伤还没有好，麻烦你给我让出一点空间可以吗？”如果对方动作过分，你也可以直接大声斥责他说：“请把你的手拿开！”也可以狠狠地打掉正在抚摸你的手，或者用高跟鞋使劲地踩他的脚，并告诉同行的朋友，引起公众的注意，让性骚扰者无法下手，知难而退。遇到情节严重的可以直接报警。

如果在公共场合被陌生人用暧昧的眼光打量或者搭讪，都不要理睬，而是要立刻抽身离开，或者换个位置。如果对方对你有行为上或者言语上性骚扰的企图，可以先用眼神表示不满，如果对方仍无收敛的迹象，可以直接向他提出警告，告诉他，你非常厌烦他现在的言行；若他还是一意孤行的话，你就要报警了。

在生活中，你们还可能碰上电话骚扰，有陌生人会在电话里说“我很想你，你怎么忘了我？”“咱们聊会天吧！”等，他们会想尽办法跟你闲聊，甚至还会再三打电话骚扰你。遇到这种情况，最好不要反唇相讥，这反而会引起对方的兴奋，正中对方下怀，而是要用严厉的语气对他说:“你打错电话了！”如果对方还继续骚扰，只要看到是他的电话号码就直接挂断电话，不要理睬他。等家长回来后要记得把事情的经过告诉父母。

如果收到异性赠送的淫秽物品，如色情的影碟或者书刊等，不要不知所措或者自己背地里偷偷将其处理掉，而是要义正言辞地对他说：“你这种行为实在太无聊了，如果不收回的话，我就会向有关部门投诉你的。”在平时要警惕异性不同寻常的馈赠和礼物，不要因为贪图小便宜而接受这些小恩小惠，让自己陷入性骚扰的圈套。

还有一些男性则会通过开一些黄色玩笑或者在言语上进行挑逗，一旦遇到这种情况，一定不要回应，而是要严厉拒绝和斥责对方，防止他们有进一步骚扰的可能。如果是同学或者熟识的人一起开玩笑时，最好找个借口离开。

对于某些个别的、想通过职务之便假意“关怀”和“照顾”来对女同学进行性骚扰的男老师，更要提高警惕，不要单独去老师的宿舍或者家里，如果有事情非要去的话，一定要叫上可靠的伙伴陪同。如果遇到老师的骚扰，不要害怕，而要明确地表达出你不喜欢他现在的言行，并对他提出警告。如果事情并没有好转或者遭到对方的威胁，在逃脱后，应该立即向家长和学校通报并寻求帮助，情节严重的还可以直接向警方报案。

所以在日常生活中，女孩子一定要加强自我防范意识和自我保护的意识，在遇到男性过分的性骚扰时，千万不要为了面子而忍气吞声，而是应当根据当时所处的情况，进行强有力的反击，通过求助他人或者报警等多种方式对他们的行为进行揭发，以免受到进一步的侵害。

如果有人偷偷地跟踪你

今天是好朋友苗苗的生日，她邀请我和同学们放学后去她家做客，于是，我给老妈打了个电话，告诉她晚上不回去吃饭了。老妈还真是啰唆呀，虽然没有反对我，但在电话里还是说了些“注意安全”“路上小心”“早点回家”之类的话。她也不想想我多大了，怎么还像对待小孩一样呢？苗苗的父母热情地款待了我们，做了很多好吃的食物。我们又唱又跳，开心极了。时间一晃到了晚上九点，唉，明天还要上课，虽然每个人玩得不是特别尽兴，但也必须回家了。于是，我们结束了聚会，各自回家。

其实，别看我平时看起来挺大胆，一直对父母逞能，但今天独自走夜路，我还真是有点儿害怕。尤其是我家附近的路很黑，平时一到九点钟基本就见不到人了，万一遇到坏人……想着想着，我不禁环抱住双臂，加快了走路的速度。

真是怕什么来什么！当我拐进一条小路的时候，似乎发现身后有个中年男人在跟踪我！我马上提高了警惕，耳边瞬间也响起了老妈的叮嘱：“当你遇到危险时，慌张、害怕是没有用的。一定先冷静下来，想出对策。”

怎么办？我必须向人多的地方走。印象中拐角处有一个小食品店，对，就去那里。这样想着，我再次加快了走路的速度。同时，我也明显地感觉到，身后的那个男人也加紧了步伐。

食品店到了，我快步冲了进去，然后低声地向这家店的老板求助：“叔叔，请帮帮我，我现在被坏人盯上了，我家就在这附近住。我说我是您女儿，行吗？”还没等我说完话，那位中年男人也跟了进来。我立即强装微笑，对店老板说："爸，来人了。"店老板会意一笑，问陌生人："买点什么？"

那个陌生男人压低了帽檐，随后买了一瓶矿泉水，匆忙离去了。而我们也马上拨打了 110 报警电话，告诉警察这附近有一名可疑男子。没过 10 分钟，警察叔叔赶到了，并抓住了这个陌生男人。据说他是警方正在通缉的一名要犯呢。

真是一次可怕的遭遇呀！真有点儿后悔没把妈妈的话放在心上，下次我再也不敢回家那么晚了……

宝贝女儿，我真为你这次惊险的遭遇捏了一把汗。不过我很庆幸，在最危急的时刻，你是那么勇敢，那么冷静，那么机智。正因为如此，你才成功地保护了自己。

其实自我保护对于女孩来说是相当重要的一种能力。它不仅能在必要时给予你帮助，还能令你减少许多不必要的麻烦。所以，你一定要加强自我保护能力的培养，这样在人生的大风大浪中你才能顺利前行。如果你被人偷偷跟踪，这个时候保持镇定是最重要的。你应该仔细看看路上有没有人，如果路上有人，你就要上去跟他搭话，告诉他你的险境。歹徒看到你与别人说话了，自然不会太嚣张。如果他有动作，你就要想办法尽快报警。在这件事上你处理得就很好，妈妈现在小小地表扬你一下。

当然，这个世界是善与恶、美与丑、好与坏并存的，你在成长的过程中还可能会遇到更多复杂的情况。现在，妈妈就简单地教你几招，有备无患，你说是不是？

假如有一天，你不幸被歹徒抓住了。你该怎么办？可能你听到我的问题会不屑地笑笑。女儿，这没什么可笑的。被劫持可不只是电影里的情景，真实的世界中也一样存在。如果你遇到这种情景，一定不要哭闹，也不要用语言刺激歹徒。应尽量顺从，这样才会降低歹徒对你的戒心。当歹徒要捆你的双手时，正确的方法是：将两手腕使劲地张开。这样，在歹徒不在的时候，你将两手腕一合，绳子就会松下来，你也就有了报警、逃生的机会；当歹徒问你要家里的电话和地址时，你可以告诉他，但不要透露家里的经济状况。另外，你还要偷偷地留下一些求救讯号，如私人物品、字条等，这样别人才能及时发现你的处境，你也就为自己创造了逃生的机会。

还有一种情况也很危险，就是你独自一个人在家时小偷在外面撬门。这时你该怎么办？你应该制造家里有大人的假象，这样小偷就会放弃作案。你也可以打电话找附近的邻居来帮忙，这样你就可以安全地保护自己了。我给你讲的关于自我保护的知识，你记住了吗？女儿，妈妈不可能永远陪在你的身边，你一定要提高警惕呀。

参考文献

[1] 谷金玉，钟淼淼．妈妈送给青春期女儿的书 [M]. 北京：石油工业出版社，2010.

[2] 胡坤．妈妈送给青春期女儿的枕边书 [M]. 北京:中国纺织出版社，2010.

[3] 程文艳.10~16 岁叛逆期,妈妈送给青春期女儿的礼物 [M]. 北京:朝华出版社，2010.

[4] 李琴．给青春期女孩看的枕边书 [M]. 北京：石油工业出版社，2010.

[5] 章程．了解青春期孩子的心:女孩版 [M]. 北京:化学工业出版社，2010.

[6] 石晓娜．父母送给青春期女孩最好的礼物 [M]. 北京：中国长安出版社，2009.

[7] 徐宁．了解悄悄变化的自己：给青春期女孩 [M]. 北京：化学工业出版社，2007.

[8] 沧浪．妈妈说给青春期女儿的悄悄话 [M]. 北京:中国妇女出版社，2009.

[9] 黑尔加·吉尔特勒．做父母真烦人 [M]. 缪雨露，译．北京：中央编译出版社，2010.